»(...) dein silbernes Band knüpft Land
an Land, und fröhliche Herzen
schlagen an deinem schönen Strand.«
(Franz von Gernerth)

Thomas Magosch hat sich
mit Büchern und Berichten
über Osteuropa einen Na-
men gemacht. Durch sei-
nen langjährigen Aufenthalt
in Bulgarien kennt er Land
und Leute dort besonders
gut.

Den Fotografen **Olaf Meinhardt** führen Recherche-
reisen bevorzugt in die ent-
legensten Winkel der Welt.
Einige Kapitel dieses Ban-
des hat **Tom Schulze** be-
bildert.

Liebe Leserinnen, liebe Leser!

Unser Autor Thomas Magosch findet, dass man die Donau
vom Wasser aus erleben muss. Wie angenehm so eine
Schiffsreise sein kann, erfahren wir auch von ihm: Er
schwärmt vom „Cruising", das sich anfühlt, als würde man
über dem Wasser schweben. Am besten sei es, meint er,
wenn man in einem Clubsessel kurz hinter dem Bug sitze, bei
18 km/h. Was dagegen Petro Tomchuk am besten gefällt, erfahren Sie im DuMont Thema „Der Mann auf der Brücke".
Tomchuk ist Kapitän auf einem Kreuzfahrtschiff, und er hat
unserem Autor ein ausführliches Interview gegeben. Wohl
niemand kennt die Donau so genau wie er: bei Niedrigwasser,
bei Hochwasser, bei strahlender Sonne, bei dichtem Nebel –
Tomchuk kennt jede Brücke, jede Insel und jede Sandbank,
jeden Kilometer!

Donau so blau
Die meisten werden die Donau allerdings vom Ufer aus kennen oder kennenlernen. In einigen Städten macht man auto-
matisch Bekanntschaft mit ihr: in Ulm, Regensburg oder Passau. In Wien fließt sie eher nebenbei, trotzdem stellt sich hier
in Österreich mit Johann Strauß' Walzer „An der schönen
blauen Donau" die Frage, ob die Donau wirklich so blau ist.
Budapest gilt als die Königin der Donau, die sich gemächlich
einmal quer durch die ungarische Hauptstadt zieht. Und auch
wer nach Bratislava oder Belgrad kommt, erlebt den zweit-
längsten Strom Europas vor eindrucksvoller Stadtsilhouette.

Geruhsam am Fluss entlang
Auf ihren offiziell 2845 Kilometern durchfließt die Donau die
großartigsten Landschaften. Die lernt man in aller Ruhe wan-
dernd kennen, wie unser Autor unter dem Motto „Die (Wie-
der-)Entdeckung der Langsamkeit" vorschlägt. Oder man
durchradelt sie auf dem Donauradweg – Europas beliebtester
Fernradweg ist weiter nach Osten ausgebaut worden. Wenn
Sie nicht allen Komfort am Wegesrand brauchen, können Sie
mit ein wenig Abenteuerlust jetzt auch durch Kroatien, Serbien, Bulgarien und Rumänien in Richtung „Kilometer null"
fahren!
Herzlich

Ihre

Birgit Borowski

Birgit Borowski
Programmleiterin DuMont Bildatlas

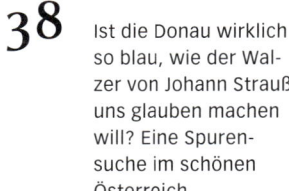

Impressionen

Deutschland

Österreich

Slowakei / Ungarn

UNSERE FAVORITEN

BEST OF ...

64 Ein Geheimnis wird gelüftet: Franz Dold vom Höhengasthaus Kolmenhof kennt ein gutes Rezept für eine Donaufischsuppe.

Serbien / Kroatien

Bulgarien/Rumänien

Delta

Anhang

DuMont Aktiv

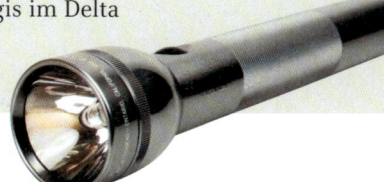

Topziele

Die bedeutendsten Sehenswürdigkeiten entlang der Donau sowie Erlebnisse, die Sie keinesfalls versäumen dürfen, haben wir auf dieser Seite für Sie zusammengestellt. Auf den Infoseiten ist das jeweilige Highlight als **TOPZIEL** *gekennzeichnet.*

KULTUR

1 Regensburg: Seit 2006 gehört die Altstadt mit der Steinernen Brücke zum UNESCO-Welterbe. **Seite 36**

2 Passau: Dreiflüssestadt (Inn, Donau, Ilz) mit italienisch anmutendem Flair. **Seite 37**

3 Wien: Auch wenn es so scheint, als flösse die Donau ein wenig an der Stadt vorbei – Wien ist ohne die Donau nicht denkbar. **Seite 52**

4 Bratislava: Das wechselvolle Schicksal hat der slowakischen Hauptstadt offenbar nur gut getan. **Seite 69**

5 Budapest: Die ungarische Hauptstadt ist gleichzeitig die „Hauptstadt der Donau". **Seite 71**

6 Veliko Târnovo: Die ehemalige Hauptstadt des Zweiten Bulgarischen Zarenreichs verzaubert schon allein durch ihre schöne Lage. **Seite 100**

7 Sulina: Der Leuchtturm von Sulina – das vorläufige Ende der Donau – bietet einen schönen Einblick in die Geschichte des Deltas und einen erstaunlichen Ausblick auf die Mündung der Donau. **Seite 114**

NATUR

8 Donaueschingen: In der Residenzstadt – beliebt auch bei Freunden Neuer Musik – findet man den Quellbrunnen der Donau. **Seite 35**

9 Kataraktenstrecke: Entweder mit dem Schiff hindurch oder als Wanderer bzw. mit dem Fahrrad außen herum: Dieser Donauabschnitt ist wirklich von allen Seiten bewundernswert. **Seite 85**

ERLEBEN

10 Wachau: Auf den 33 Flusskilometern zwischen Melk und Krems trübt nicht einmal eine Brücke den Blick auf die malerischen Weinhänge der zum UNESCO-Welterbe gehörenden Kulturlandschaft. In jedem Fall ein Erlebnis ist der Besuch eines der vielen Weinlokale. **Seite 52**

Kloster Weltenburg

Kunst und Natur lassen sich am Donaudurchbruch gut verbinden. Auf einem sanft abfallen-
den Gleithang an der Flussschleife zu Beginn
des Engtals liegt das Kloster Weltenburg, dessen
Kirche zwischen 1716 und 1718 von den Brüdern
Asam erbaut und harmonisch mit dem seit dem
7. Jahrhundert bestehenden Benediktinerkloster
vereint wurde.

Wien, MuseumsQuartier

Wer einen langen Stadtbummel hinter sich hat,
dem sei eine Pause im MuseumsQuartier ver-
gönnt, einem der zehn größten Kunstareale der
Welt. Natürlich nur kurz, versteht sich, denn
die Stadt will, genau wie der Fluss, noch weiter
erkundet werden. Irgendwo erklingt bestimmt
der Donauwalzer, der mit vollständigem Titel
„An der schönen blauen Donau" heißt. Dass die
Donau schön ist, soll hier nicht bezweifelt werden,
über die Farbe Blau ließe sich streiten. So weit wie
der Komponist Johann Strauß (Sohn) muss man
aber auch wieder nicht gehen, der über sein Werk
meinte: „Den Walzer soll der Teufel holen ..."

Donauradweg

Wem eine Schifffahrt auf der Donau etwas zu entspannt ist, dem bleibt die sportlichere Variante: an der Donau. Entlang des Donauradwegs nämlich. In einem einzigen Urlaub ist die Strecke vom Ursprung des Stroms bis nach Budapest kaum zu bewältigen – aber auch die einzelnen Etappen sind spannend. Jede davon zeigt ein anderes faszinierendes Gesicht. Und wer das Beste aus beiden Welten sucht, Entspannung auf dem Schiff und sportliche Betätigung, der kann auch eine „Rad-&-Schiff-Reise" machen. An und auf der Donau also ...

Budapest

Kein Zweifel, unter den vielen wunderbaren
Städten entlang der Donau ist die ungarische
Hauptstadt die (ungekrönte) Königin. Der wuchtige Burgberg mit Burgpalast und Fischerbastei,
die monumentalen historischen Gebäude, die
wunderbaren Markthallen, die zahlreichen Brücken – alles verschmilzt mit dem Fluss zu einem
grandiosen und einmaligen Ensemble, das wahrhaft einer Königin würdig ist.

Beim Heurigen Sirbu, Kahlenberg

....

Dass man nach einer Besichtigungstour im Wiener MuseumsQuartier beim Heurigen landet, ist erstens unausweichlich und zweitens das Beste, was einem passieren kann. Beim Heurigen Sirbu an den Hängen des Kahlenbergs etwa sitzt man ebenso hoch über der Stadt Wien wie über der Donau, und nach all dem Kunst- und Naturgenuss ist es klar, dass man sich erst mal ein Viertel einschenken lassen muss – „Gemischter Satz" heißt hier einer der typischen Heurigenweine.

Die spannendsten Erlebnisse

Trabi, Kanu, Helikopter

Wunderschöne Donauabschnitte mit dem Kanu oder Helikopter erkunden, Donaustädte mit dem Trabi oder Segway erobern, die Donaulandschaft eigenständig umgestalten, sich aus 152 m Höhe in die Tiefe stürzen oder im Boot durch einen Wildwasserkanal rasen – die Erlebnisangebote an der Donau sind unerschöpflich.

① Mit dem Kanu nach Sigmaringen

Zwischen Thiergarten und Sigmaringen hat sich die Donau auf einer 15 km langen Strecke tief in die Felsen eingeschnitten und ein wildromantisches Tal hinterlassen. Hier können Sie eine schöne Erkundungstour mit dem Kanu machen! Dabei passieren Sie bis dicht ans Flussufer bewaldete Hänge und bizarre bis zu 80 m aufragende Felsformationen, haben einen atemberaubenden Blick auf den Amalienfelsen, Schloss Gutenstein und die Ruine Dietfurt und bekommen (mit viel Glück) sogar Biber und Eisvögel zu sehen.

Drei Stauanlagen müssen überwunden werden, und in Laiz erwartet Sie eine spritzige Kanurutsche. Die Mühle Dietfurt lädt unterwegs zur Stärkung ein, oder Sie können sich an öffentlichen Grillstellen direkt an der Strecke selbst etwas bruzzeln. Die Mitarbeiter von Besi Kanu sind übrigens gern bei der Suche nach einer geeigneten Rückfahrmöglichkeit behilflich.

Besi Kanu, http://besi-kanu.de Mai–Sept.; 3–4 Std. Fahrzeit; Erwachsene 21 €, Kinder 14 €

② Naturpark-Express Oberes Donautal

Das Obere Donautal bietet zahlreiche Möglichkeiten für interessante Wandertouren oder Fahrradausflüge. Suchen Sie sich in dieser Region ein Ziel aus! Der Naturpark-Express, der zwischen Gammertingen und Blumberg verkehrt und die hübschen Donauorte Sigmaringen, Beuron, Tuttlingen und Immendingen passiert, bringt Sie überall hin! Auf der traumhaften Zugfahrt bekommen Sie obendrein die bizarrsten Felsformationen, tief eingeschnittene Täler sowie zahlreiche Klöster, Schlösser und Burgruinen zu sehen – und immer wieder genießen Sie den herrlichen Blick auf die Donau. Der Naturpark-Express verkehrt mit zwei Triebwagen und einem Fahrradtransportwagen, in dem über 100 Fahrräder Platz finden.

Naturpark-Express, Mai bis Mitte Okt. Sa. und So.; www.naturpark-obere-do nau.de, www.hzl-online.de

③ Wassererlebnis „Mini-Donau"

In der Wasserwelt „Mini-Donau" kann man die Flusslandschaft der Donau selbstständig gestalten. Die sechs Stationen, interaktive Bauspielbereiche vom Ursprung bis zur Mündung, sind für Kinder und Jugendliche aller Altersgruppen geeignet. Im Laufkraftwerk üben sich die jungen Gäste in der Kunst des Schleusens von Modellschiffen. In der Beckenlandschaft leiten sie mit Schaufeln, Rechen und Eimern den Lauf eines kleinen Flusses um. Auf der Balancierstrecke ist Körperbeherrschung und Schwindelfreiheit gefragt …

Engelhartszeller Donau-Welt, Stiftstraße 7, A-4090 Engelhartszell, Mai–Sept. tgl. 13.00–17.00 Uhr; www.donau-welt.at

④ Helikopter-Rundflug Wachau

Genießen Sie die Wachau aus einer atemberaubenden Perspektive – von einem modernen, relativ leisen und 278 km/h schnellen Turbinenhubschrauber aus! Helikopter Tours Austria bietet mehrere Touren ab dem Flughafen Krems, 4 km nordöstlich vom Kremser Zentrum, an. Der zehnminütige Rundflug Wachau Nr. 1 bietet eine luftige Tour längs der Donau über Stein, Loiben, Dürnstein sowie die Benediktinerabtei Stift Göttweig.

Helikopter Tours Austria Österreich, Tel. +43 664 1 41 44 04, www.helikopter -tours-austria.at; 1 Person 65 €, 4 Personen 260 €, Flughafen, Flughafenstraße 2, A-3500 Krems an der Donau

5 Donauturm Wien

Der Wiener Donauturm mit seiner 150 m hohen Aussichtsterrasse bietet einen fantastischen Blick auf Wien und die Donau. Wer diesen Eindruck noch toppen will, kann die Aussicht auch im freien Fall genießen! Besonders Mutigen bietet sich hier die einmalige Gelegenheit, sich gefahrlos vom Turm zu stürzen: per Bungeejumping. Gesprungen wird aus einer Höhe von 152 m. Im freien Fall erreicht man eine Geschwindigkeit von rund 90 km/h. Wer es gemütlicher mag: Für das leibliche Wohl sorgen ein Kaffeehaus in 160 m und ein Restaurant in 170 m Höhe.

Donauturm, Donauturmstraße/Mispelweg 8, A-1220 Wien, www.donauturm.at; Aussichtsterrasse tgl. 10.00–24.00 Uhr Bungeespringen, http://bungee-donauturm.at

6 Donau-Auen per Boot

Von der Wiener Innenstadt aus fährt das Nationalparkboot in den Nationalpark Donau-Auen. Die Tour führt durch eines der letzten intakten Augebiete Europas. Während der Expedition durch den Auwald der Lobau am linken Donauufer südöstlich von Wien informieren die Nationalpark-Förster die Gäste über die Geschichte dieses Teils des Donauauengebietes.

Nationalparkboot: Salztorbrücke/Abgang Hollandstraße; Mai–Okt. tgl. 9.00 Uhr, Erwachsene 11 €, Kinder 5 €; mind. 6, max. 28 Personen; Nationalparkhaus Wien-Lobau, Tel. +43 1 4 00 04 94 95; www.donau auen.at

7 Wildwasserareal Čunovo in Bratislava

Ein trainierter Begleiter sitzt mit im Boot. Dennoch ist volle Konzentration gefragt! Selbst beim kleinsten Fehler kann das Rafting-Boot ins Schlingern geraten, sich drehen oder gegen einen Felsen schlagen. Im Wildwasserareal Čunovo auf einer Donauinsel südlich von Bratislava kann man die unbändigen Kräfte der Natur erleben. Für Spannung sorgt auch der Action Park in der Nähe des Wassersportparadieses mit seinen außergewöhnlichen Sportarten. Atemberaubend ist Zorbing: Im Inneren einer aufblasbaren, transparenten, doppelhülligen Kugel aus PVC rollen eine oder mehrere Personen einen 50 m langen Abhang hinunter.

Areál Divoká Voda Čunovo (Wildwasserareal Čunovo), www.divokavoda.sk Action Park, Shengenská ulica, Čunovo, SK-851 10 Bratislava V, www.action park.sk

8 Trabant City Tour durch Budapest

Er ist klein, laut, unbequem, langsam, schlecht ausgerüstet. Und er stinkt. Aber er bietet ein unvergleichliches Fahrerlebnis: der Trabi. Die Trabant City Tour führt Sie durch das Budapest der kommunistischen Ära: den Park der kommunistischen Statuen und die Fertigbauten der 1970erund 1980er-Jahre. Der Reiseleiter, der als Beifahrer mitfährt, erklärt Ihnen, wie der Original-Trabant 601 zu handhaben ist: Benzintank kontrollieren, Benzinhahn aufdrehen, Choke rausziehen, Kupplung treten, 1. Gang einlegen, und schon darf man losfahren.

www.budapest.com/frei zeit/stadtbesichtigung.de. html; 1–3 Personen, 3 Std. 120 €; damp.de

9 Segway-Tour in Belgrad

Nach einer kurzen Einweisung in die Handhabung der Segways geht es auch schon los. Sie werden sehen, wie herrlich es ist, Belgrad auf diese Art zu erkunden. Man fährt ganz entspannt an den Ufern von Donau und Save entlang und hört dabei allerlei Geschichten über die Stadt. Die rund 100-minütige Kalemegdan-Segway-Tour ist perfekt organisiert, man bekommt allerhand zu sehen, ohne sich zu sehr anzustrengen – natürlich auch die Festung Kalemegdan. Die Tour-Begleiter sind äußerst zuvorkommend und sprechen überwiegend auch Deutsch.

Segway, www.segway beograd.rs

Von der Quelle bis Passau

Idyllisch liegt die Quelle im fürstlichen Donaueschingen eingefasst.
Bis aus dem Bach ein Strom
wird, muss sich die Donau ihren
Weg durch die Kalkfelsen im
Oberen Donautal bahnen. Sie
passiert saftige Wiesen, imposante
Schlösser wie das der Hohenzollern
in Sigmaringen und schlängelt sich,
wiederum reichlich idyllisch, durch
Ulms Fischer- und Gerberviertel.
Städtchen wie Donauwörth
und Zentren wie Ingolstadt
oder Regensburg begrüßen sie
auf ihrem Weg nach Passau.

Das Durchbruchstal der Donau in Niederbayern bietet den Reisenden
ein beeindruckendes Naturschauspiel.

Fürstlich verziert: die Donauquelle in Donaueschingen

Bei Immendingen am Südwestrand der Schwäbischen Alb versickern mehr als zwei Drittel des Donauwassers im verkarsteten Kalkstein. Durch unterirdische Höhlensysteme gelangt das versickerte Wasser in die etwa zwölf Kilometer entfernte Aachquelle, die größte Quelle Deutschlands, und von dort über den Bodensee in den Rhein.

Die Obere Donau ist bei Paddlern beliebt. Schöne Kletterfelsen säumen die Ufer.

Im Jahr 1813 wollte sich ein Schwabe an der Donauquelle einen Scherz mit den Wienern erlauben und hielt eine geschlagene Viertelstunde das Ausflussrohr des Donaueschinger Schlossbrunnens zu, was er mit den Worten kommentierte: „Meiner Seel, die werden schauen, wenn auf einmal eine ganze Viertelstunde lang kein Wasser mehr kommt." Dem Witz liegen mit Sicherheit keine chaostheoretischen Überlegungen zugrunde. Er konnte wohl nur von einem Schwaben erdacht werden, weil sich hier, auf den ersten Kilometern, zu jener Zeit kaum jemand die Dimensionen des später so stolzen, breiten europäischen Flusses vorstellen konnte.

Die ersten Meter der „hochmütigen Pfütze"

„Heilig's Bächle" mag man auf den ersten Flusskilometern ausrufen, so unscheinbar und harmlos gräbt sich die Donau ihre Bahn. Von den irrelevanten Streitigkeiten, wem denn nun die Ehre des einzig wahren Quellflusses gebührt, einmal abgesehen. Der fürstliche Brunnen in Donaueschingen stellt eine wahrhaft erhabene, wenn auch nur symbolische Quelle dar. Er gibt die Richtung vor für einen der bedeutendsten Ströme in Europa. Die ehrwürdige und zugleich beschauliche Stätte gibt sich nicht mit sinnlosen Diskussionen um Flusskilometer und Maßeinheiten ab.

Der „hochmütigen Pfütze", wie lokalpatriotische Quellenkritiker den Schlossbrunnen einst nannten, zollen mittlerweile fast sämtliche Anrainerstaaten ihren Respekt. Wie ein Katalog lesen sich ihre hier angebrachten Inschriften und Tafeln. Doch bevor die Donau den weiten Weg nach Osten antritt, zieht sie sich zunächst einmal in eine Art innere Emigration zurück. Wie zur stillen Besinnung versickert sie zwischen Immendingen und Fridingen, häufig sogar vollständig. Erst beim Kloster Beuron – zwischen dem fürstlichen Donaueschingen als Auftakt und dem fürstlichen Sigmaringen als Endpunkt des Oberen Donautals gelegen – erhält der Besucher

Ulmer Münster: Mit dem Bau von Deutschlands größter gotischer Pfarrkirche wurde bereits im Jahr 1377 begonnen. Nach jahrhundertelangem Baustillstand wurde jedoch erst 1890 die Fertigstellung des Wahrzeichens der Stadt gefeiert.

Fachwerkidylle im Fischerviertel in Ulm

Erhaben im Hintergrund: Schloss Sigmaringen

Special

Der Quellenstreit

Brigach oder Breg?

Donauquelle bei Furtwangen: „Brigach und Breg bringen die Donau zuweg."

Im Prinzip ist alles geklärt: Offiziell kennt die Donau nur eine Längenangabe, alles andere ist regionales Geplänkel. Das erfreut sich jedoch seit Jahrzehnten großer Beliebtheit. Die Donau ist offiziell 2845 Kilometer lang, vom Punkt des Zusammenflusses der Schwarzwälder Quellbäche bei Donaueschingen bis zum „Kilometer null" in Sulina. Im Quellenstreit berechnet man die Länge gern auch mal vom Ursprung einer der Bäche her. Dabei sind die Grenzen an sich „im Fluss". Durch die rund 50 Millionen Tonnen Schwemmstoffe, die die Donau alljährlich ins Schwarze Meer befördert, wächst sie quasi stetig. So ist der „Kilometer null" im rumänischen Sulina genauso symbolisch zu betrachten wie sein Pendant in der Ukraine bei Vylkove, wo die Donau am schnellsten ins Meer wächst.

eine Ahnung davon, wie selbstbewusst und zielstrebig der Fluss seinen einzigartigen Weg fortsetzen wird.

Der Hohenzoller Richtungsweiser

1881 übernahm Prinz Karl von Hohenzollern-Sigmaringen als Carol I. das rumänische Königshaus. Eine historische Klammer, die die beiden Enden der Donau verband, was Preußens König Wilhelm I. im Gegensatz zu vielen anderen Provinzfürsten ganz gut gefiel: „Ein Hohenzoller an der Quelle der Donau und einer an der Mündung, so schlecht kann das nicht sein." Zu den malerischsten Schlossanlagen am Flusslauf gehört mit Sicherheit der Stammsitz des Hauses Hohenzollern-Sigmaringen, das Sigmaringer Schloss. Man blickt noch immer respektvoll von unten nach oben auf dieses Märchenschloss, das wie mit dem Jurafelsen verwachsen über die Landschaft thront.

Strom der Idyllen

Nirgends ist die Donau so reguliert wie in Deutschland. Was im ersten Moment negativ klingt und seine Manifestation in den zahlreichen Staustufen und Wehren erfährt, bedeutet gerade für den Tourismus eine einzigartige „Erfahr-" und Erschließbarkeit des Flusses. Nirgends ist man der Donau so nahe, auch

Mädchen vor Flusslandschaft: abendliche Spiegelung von Steinerner Brücke und Dom in Regensburg (rechts; ganz oben eine Innenaufnahme des Doms). Das Bild belegt, dass man auch beim Blick auf ein Weltwunder recht gelassen bleiben kann. Die Ritter in Ingolstadt (oben) scheinen ebenfalls weder Furcht noch Schrecken, sondern eher heitere Stimmung zu verbreiten.

Ein Donaufrachtschiff fährt an Kelheim vorbei. Oben auf der Höhe sieht man die Befreiungshalle, das Wahrzeichen Kelheims.

so nah an ihrer Geschichte, nirgends so umsorgt und behütet wie am deutschen Flussabschnitt. Und nirgendwo sonst ist der Flusslauf so heterogen wie in seinem Verlauf von der Quelle bis zur Schiffbarkeit in Ulm und später in Kelheim. Anfangs pures Naturidyll, findet man wenige Hundert Stromkilometer flussabwärts eine der bedeutendsten Wasserstraßen Europas vor. Und dabei sind die kunst- und kulturgeschichtlichen Meilensteine, die sich Kilometer um Kilometer am blauen Band aneinanderreihen, noch gar nicht erwähnt: Günzburg mit der von Dominikus Zimmermann erbauten Frauenkirche, Dillingen am nördlichen Rand des Donaurieds, das bayerisch-schwäbische Donauwörth an der Romantischen Straße und vor allem auch Neuburg mit seinem imposanten Schloss.

Die „Ulmer Schachtel"

Lange Zeit war sie unter dem Namen „Wiener Zille" bekannt. Dahinter verbarg sich die Bezeichnung für einen Bootstyp, der auf den „Schopperplätzen" am heutigen Ufer von Neu-Ulm gebaut wurde. Es handelte sich um Boote, die einfach in der Konstruktion, aber effektiv in ihrem Nutzen waren. Seit der frühen Neuzeit wurden Waren auf den bis zu dreißig Meter langen Vehikeln auf

der Donau transportiert. Ihr besonderer Vorteil war der geringe Tiefgang, da die „Ulmer Schachteln" ohne Kiel, vielmehr mit flachem Boden konstruiert wurden. Ab dem 18. Jahrhundert verkehrten die Schachteln regelmäßig zwischen Ulm und Wien. Am Bestimmungsort wurden sie meist komplett ausgeräumt und als Nutzholz verkauft. „Einwegboote" also, die bis zu zwei Tonnen Fracht befördern konnten. Der Spottname „Schachtel" stammt übrigens nicht von Donauanrainern, sondern von versnobten Bootsbetreibern am Neckar.

Verbindung mit dem Balkan

Ihre heutige Bedeutung erlangte die Donau freilich erst durch den wirtschaftlichen Einfluss der Schifffahrt und des Handelsverkehrs. Die Internationalisierung des europäischen Flusses hat ihre Wiege in Deutschland. Mit der Eröffnung des Main-Donau-Kanals am 25. September 1992 wurde das Schwarze Meer über den Wasserweg mit der Nordsee verbunden. Aber auch ab Kelheim, wo dieser wichtige Kanal ansetzt und die deutsche Donau schiffbar wird, reißt die kulturhistorische Bedeutung des Stromes nicht ab, ganz im Gegenteil. Herausragende Zentren wie Regensburg und Passau schließen sich nun an. Die Herrschafts- und Bürgerkirchen in Ingolstadt

und Straubing, aber auch die scheinbar kleineren, unbedeutenderen Orte wie das beschauliche Deggendorf am Fuß des Bayerischen Waldes – wohin man auch kommt, begegnet man einer bemerkenswerten Mannigfaltigkeit.

Das achte Weltwunder

Elf Jahre wurde an der Steinernen Brücke in Regensburg gebaut, dem über Jahrhunderte einzigen festen Donauübergang zwischen Ulm und Wien. Wer die Brücke erbaut hat, ist nicht überliefert. Als sie 1146 eröffnet wurde, konnte man eines der großartigsten Bauwerke seiner Zeit bewundern.

Um einen derart bedeutenden Bau ranken sich naturgemäß gern Legenden und Mythen, so auch im Falle der Steinernen Brücke zu Regensburg. Es wird von einem Wettstreit des Dombaumeisters mit dem Brückenbauer erzählt, wer sein Bauwerk als Erster errichten könne. Der Brückenbauer wendet sich, um seinen Sieg zu sichern, an den Teufel persönlich. Der fordert von ihm die Seelen der ersten drei Brückenüberquerer als Bezahlung. Als es an die Eröffnung des Bauwerks geht, verlangt der Teufel seinen Tribut. Der findige Architekt schickt einen Hahn, eine Henne und einen Pudel über die Brücke, was den Teufel so erzürnt, dass er versucht, die Brü-

Gasse in Passaus Altstadt: Die unmittelbar an Österreich angrenzende Stadt liegt am Zusammenfluss der drei Flüsse Donau, Inn und Ilz und trägt deshalb den Beinamen „Dreiflüssestadt".

Reich mit Stuck verziert ist der am höchsten Punkt der Passauer Altstadt stehende Dom St. Stephan. In der „Mutterkirche des Donau-Ostens" erklingt die größte Domorgel der Welt.

Kartengrüße aus der Dreiflüssestadt: Die wichtigsten SMS sind bereits verschickt, aber ein (gedrucktes) Bild vom Ausflug nach Passau ist nach wie vor ebenfalls ganz schön.

cke zum Einsturz zu bringen. Von der Sage zeugt bis heute eine in der Mitte der Brücke eingelassene Tafel. Viele Hundert Jahre später wurden Teile der Brücke tatsächlich barbarisch gesprengt: durch deutsche Truppen im Zweiten Weltkrieg.

Drei Flüsse, drei Farben

Passau ist die letzte große Stadt an der deutschen Donau und gehört zu den schönsten am Flusslauf. Die Ortsspitze, eine Halbinsel, teilt die beiden großen Läufe Inn und Donau. Die kleine moorschwarze Ilz mogelt sich fast beiläufig an der Veste Niederhaus am Schaiblingsturm vorbei in die Donau. Das Auflegen

der Sandsäcke im Frühjahr gehört in Passau zum gewohnten Bild beim Hochwasser nach der Schneeschmelze. Dabei sorgt vor allem der Inn für verheerende Überschwemmungen. Die Skala am Rathausturm ist pittoreskes Mahnmal der zahlreichen Höchststände. Der ungewöhnlich lange Winter 2012/13 sowie tagelange Regenfälle im Mai und Juni 2013 sorgten für die Anhebung des bisherigen Rekordpegels auf 12,89 Meter.

Passaus Ortsspitze ragt wie eine Art Wegweiser für den weiteren Flusslauf in die Wassermassen. Obwohl der grüne Inn in Passau mehr Wasser führt und eine höhere Strömungsgeschwindigkeit aufweist, bleibt es auch in Österreich bei

der vorerst „braunen Donau" (blau ist die Donau bekanntlich nur in Wien) und nicht beim „grünen Inn".

Passau weist auch historisch weit nach Österreich hinein: Nicht weniger als 14 Passauer Eigenklöster existierten in der zweiten Hälfte des 12. Jahrhunderts an der österreichischen Donau, später nahm ihre Zahl noch zu. Während das linke Donauufer bereits zu Österreich gehört, beendet das Kraftwerk Jochenstein, das 1955 als erste Donaustaustufe nach dem Zweiten Weltkrieg in Betrieb ging, den deutschen Donaulauf. Und egal, wie lange man das Brunnenröhrchen in Donaueschingen auch zuhält – der Donaustrom ist längst nicht mehr aufzuhalten.

INTERVIEW

Der Mann auf der Brücke

Kapitän Petro Tomchuk fährt seit Jahren auf der Donau. Er kennt sie wie seine Westentasche. Wie arbeitet ein Kapitän an Bord eines Kreuzfahrtschiffes? Birgt die Donau noch Risiken?

Wenn ein Manöver etwas heikel wird, kann das Schiff auch von außen gesteuert werden.

An Deck sind nur die Brücke und der Pool erleuchtet. Schwarz neigt sich die Nacht über die Uferauen am Fluss. Wir sind auf der Donau zwischen Bulgarien und Rumänien. Der Fluss liegt ruhig und breit vor uns. Kapitän Tomchuk hat Nachtschicht. Der Kapitän ist der ranghöchste Offizier an Bord. Seine Schulterklappen zieren vier goldene Sterne. In diesem Rang trägt er die Verantwortung für so ziemlich alle Vorgänge auf dem Schiff.

Herr Kapitän, wie sind Sie zu Ihrem Beruf gekommen?
Ganz einfach: durch die Lust zu reisen und eine gehörige Portion Fernweh.

Sie befahren einen Fluss, die Donau. Was war der Anlass für die Wahl dieser Strecke?
Zuerst bin ich fünf Jahre auf hoher See gefahren. Ich war in Japan, Wladiwostok, Murmansk, bin im Eis gefahren und war eigentlich überall auf der Welt. Das war eine schöne Zeit.

Zu diesem Zeitpunkt war ich noch ledig. Nach der Hochzeit veränderte sich die Situation. Meine Frau hat gesagt, entweder das Meer oder ich, und so bin ich auf den Fluss gekommen. Auf hoher See ist man zehn bis elf Monate unterwegs und maximal zwei bis drei Monate zu Hause. Das ist zu wenig für eine Familie. Auf dem Fluss kommt man öfter nach Hause.

Wie sieht so eine praktische Ausbildung zum Offizier, zum Kapitän an Bord, aus?
Ich habe in Odessa die Fachhochschule absolviert, die sechs Jahre dau-

ert, und dann fünf Jahre auf hoher See gearbeitet. Dort habe ich mein Handwerkszeug gelernt.

Wie gut kennen Sie die Donau?
Von Izmajil bis Kelheim sind es 2411 Kilometer. Du musst an jedem Kilometer wissen, wo du bist, wo sich eine Sandbank befindet, wo das Fahrwasser ist, wo etwas Besonderes ist. Du wirst ins Steuerhaus gerufen und musst quasi blind das Steuer übernehmen können. Du kommst auf die Brücke, und dir wird gesagt, wir sind jetzt hier, bei Kilometer 2010 oder 2013. Du musst sofort wissen, wo du bist.

Trotz aller modernen
Technik – Petro Tomchuk
behält den Lauf der
Donau sicherheitshalber
immer im Auge, wenn
nötig auch mit dem
Fernglas.

Kapitän Petro Tomchuk in seinem
Steuerhaus (ganz oben). Das richtige
Anlegen der Rettungswesten muss
geprobt werden (oben).

*Kapitän Tomchuk sitzt leger auf sei-
nem Chefsessel. Zwischen den Bei-
nen befindet sich der Satellitenmo-
nitor, links und rechts sieht man die
Fahrrinne als Grafik: gelbe Striche
auf schwarzem Bildschirm, versehen
mit Zahlen und Buchstaben. Mitten
zwischen den Instrumenten hängt
eine Darstellung des heiligen Nikolaus, des Schutzpatrons der Seefah-
rer. Wir nähern uns einer Insel, die
wir steuerbord passieren.*

Bergen solche Passagen Schwierig-keiten für Kreuzfahrtschiffe?

Der Fluss führt genug Wasser, deshalb stellt die Insel jetzt gerade kein
großes Problem dar. Bei Niedrigwasser ist das ganz anders. Bei extremem

Petro Tomchuk

....

Der Kapitän auf einem Donau-Kreuzfahrtschiff wurde
1962 in Odessa in der Ukraine geboren. Seit 1985 ist er
auf See unterwegs und besitzt seit 1992 das Donaupatent.
Seit einigen Jahren navigiert er bei der A-ROSA-Flotte.

Niedrigwasser hat man nur noch
zwanzig bis dreißig Zentimeter Wasser unter dem Boden. Besonders im
Juni, Juli, August ist es eher trocken.
Im Frühling und im Herbst gibt es
sehr viel mehr Wasser.

**Auf der Brücke wird ein Flussbuch
geführt. Dort tragen die Kapitäne
penibel jede Veränderung der Bo-
denstrukturen ein. Reichen die modernen Radargeräte nicht aus?**
Doch. Aber wir schreiben mit, zur Sicherheit. Da sieht man, wie sich eine
Sandbank verändert, wie sie wandert.
Wie sich die Fahrrinnen bergauf und
bergab verändern. Gerade hier, wo
es kaum Fahrrinnenbegrenzungen
gibt, ist das wichtig. Die bulgarische
Donau ist bei Niedrigwasser noch
immer gefährlich und heimtückisch.
Früher war das alles etwas anders.

Hier *(Tomchuk weist auf einen
Schalter am Instrumentenboard)*
haben wir zum Beispiel eine Nebel-
hupe, die bei dichtem Nebel eingesetzt wird. Früher hat man die Schiffe
auf etwa sechs Meter Höhe über dem
Nebelschleier beflaggt, und die Kapitäne haben nach anderen Flaggen
Ausschau gehalten. Seit alle Schiffe
Funkgeräte haben, macht man das
natürlich nicht mehr. *(Er lacht.)*

**Sie sprechen von den Kapitänen
anderer Donauschiffe. Das Funk-
gerät spuckt ja auch immer wieder
mal einen Gruß aus, wenn wir ein
Schiff passieren. Kennen sich die
Kapitäne untereinander gut?**
Sicher. Gerade hat ein Kollege von
der „Beethoven" angerufen. Er ist
noch letztes Jahr mit mir zusammen
gefahren. Ich kenne viele Kapitäne
hier, schließlich bin ich schon über
zwanzig Jahre unterwegs. Und man
trifft sich immer wieder, so, wie man
sich auf der Straße begegnet.

*Ein weiteres Schiff begegnet uns. Ge-
funkt wird auf Deutsch, auch gern
mal auf Bulgarisch oder Ukrainisch,
je nachdem unter welcher Flagge das
Schiff fährt. „Backbord, Backbord",
klingt es aus dem Bordlautsprecher.
Man grüßt sich von Brücke zu Brücke
und taucht dann wieder ein in die
tiefschwarze Nacht.*

Regionalmarketing Günzburg GbR
An der Kapuzinermauer 1, 89312 Günzburg
Tel. 082 21/95-140, Fax 082 21/95-145
E-Mail: service@landkreis-guenzburg.de

Perfekter Abstecher!

Natur und Kultur entlang der Donau:
die Familien- und Kinderregion hautnah!

GENUSS RADELN

• individuelle Radtouren
  im Baukastenprinzip
• 6 neue Themenrunden
• 3 familiengerechte Flussradwege
• tolle Ausflugsziele +
  LEGOLAND Deutschland©
Jetzt bestellen

Bei uns geht 'was!
www.familien-und-kinderregion.de

www.contrast-marketing.de

Einfach mal abbiegen! Lassen Sie sich auf Ihrer Tour an der Donau auf einen kurzen Abstecher in die Familien- und Kinderregion entführen. Attraktive Badeziele wie das einmalige Flussfreibad an der Günz sorgen für erfrischende Abwechslung, ebenso wie urig-bayerische Biergärten unter grünen Kastanien. Tierische Vergnügen für die ganze Familie gibt es auf der Straußenfarm und im Greifvogelpark. Erleben Sie unsere Region hautnah! Alle Infos unter:

www.familien-und-kinderregion.de

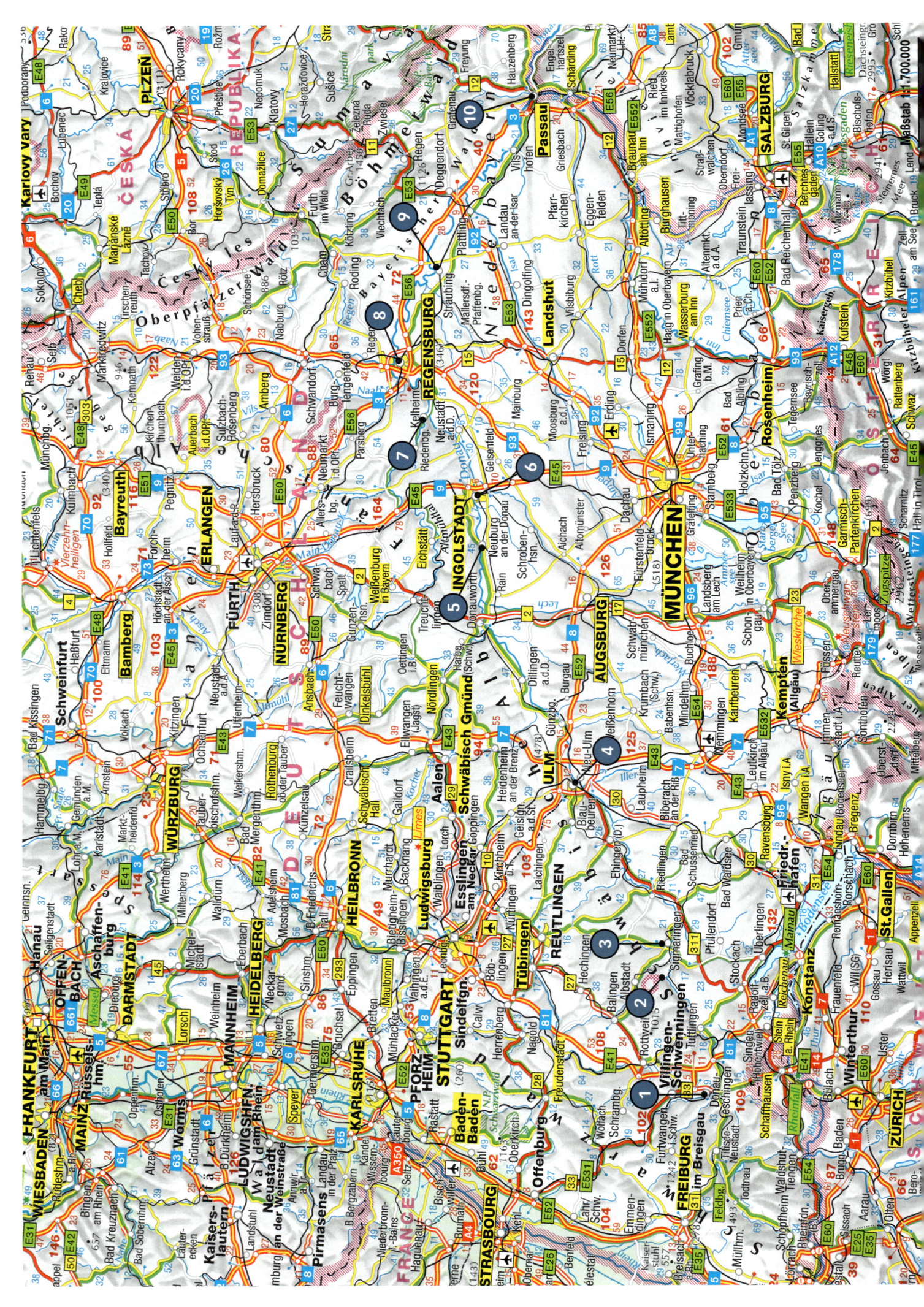

Wo die Donau den Durchbruch schafft

Ein malerischer Bergfluss, so gibt sich die Obere Donau. Herrliche Blicke eröffnen sich über grüne Täler und auf burggekrönte Felsen. Bald gewinnt der Fluss an Breite, ist ab Kelheim schiffbar. Meist in Passau legen die Kreuzfahrtschiffe Richtung Wien, Budapest und Donaudelta ab.

❶ Donaueschingen

Donaueschingen TOPZIEL hat das Flair der Erhabenheit, ein echter Fürstensitz.

SEHENSWERT
Neben dem **Quellbrunnen** sind das **Fürstlich Fürstenbergische Schloss** und die **Fürstenberg-Sammlungen** (www.fuerstenberg-kultur.de; April–Nov. Di.–Sa. 10.00–13.00 und 14.00 bis 17.00, So. 10.00–17.00 Uhr) sehenswürdig.

VERANSTALTUNGEN
Donaueschinger Musiktage: Neue Musik und viele Uraufführungen (3. Wochenende im Okt.).

AKTIVITÄTEN
Hier nimmt der **Donauradweg** seinen Anfang.

INFORMATION
Tourist-Information, Karlstr. 58, 78166 Donaueschingen, Tel. +49 771 85 72 21, www.donaueschingen.de

❷ Oberes Donautal

Hier ist die Versickerung zu beobachten. Herrlich zwischen Felsen liegt Kloster Beuron.

SEHENSWERT
Plötzlich ist sie weg: An ca. 155 Tagen im Jahr versickert bei Immendingen und Möhringen die Donau, um 12 km weiter und 183 Höhenmeter tiefer aus dem Aachtopf wieder zum Vorschein zu kommen. Im 19. Jh. waren bestehende Gebäude von **Kloster Beuron** (www.erzabtei-beuron.de) den Benediktinern überlassen worden. Wunderbar wandern kann man im **Donaubergland** (www.donaubergland.de).

INFORMATION
Naturpark Obere Donau e. V., Wolterstr. 16, 88631 Beuron, Tel. +49 7466 9 28 00, www.naturpark-obere-donau.de

❸ Sigmaringen

Der Familiensitz der Hohenzollern thront über dem Ort: das Sigmaringer Schloss.

SEHENSWERT
Nach einem Brand 1893 romantisierend wiederaufgebaute **Schlossanlage** mit einer großen privaten **Waffensammlung** (Tel. +49 7571 72 92 30, www.hohenzollern.com; März–Nov. 9.00–17.00, Nov.–Dez. 10.00–16.00, Jan./Febr. Sa., So. 10.00–16.00 Uhr).

INFORMATION
Tourist-Info, Leopoldplatz. 4, 72488 Sigmaringen, Tel. +49 7571 10 62 24, www.sigmaringen.de

❹ Ulm

Das Nebeneinander von Alt und Neu macht das Zentrum zum magischen Anziehungspunkt.

SEHENSWERT
Ulmer Münster mit dem höchsten Kirchturm (161,53 m) der Welt; die historischen Quartiere **Fischer-** und **Gerberviertel** mit ihren Fachwerkhäusern; das **Rathaus** (15. Jh.); das **Schwörhaus** (1612), wo der jährliche Schwörmontag abgehalten wird, und das **Kornhaus** (1594). Ulms Neue Mitte entsteht als Miteinander von historischen Gebäuden und Neubauten; Teil des Ensembles sind das **Stadthaus** (1993; Richard Meier) und die **Zentralbibliothek** (2004; Gottfried Böhm).

MUSEEN
Das **Donauschwäbische Zentralmuseum** informiert über die Donauschwaben (Schillerstr. 1, www.dzm-museum.de). 2007 wurde die **Kunsthalle Weishaupt** eröffnet (Hans-und-Sophie-Scholl-Platz, www.kunsthalle-weishaupt.de).

VERANSTALTUNGEN
Ulmer Schwörfeier mit Schwörmontag, Lichterserenade und Wasserfestzug „Nabada" (Juli); **Fischerstechen:** für das Wasser adaptiertes Rittertunier (Juli, alle 4 Jahre: 2017, 2021 etc.); **Internationales Donaufest:** multikulturelles Fest der Donauanrainer (alle 2 Jahre: 2018, 2020 etc.; www.donaubuero.de).

UMGEBUNG
Kloster Wiblingen, ca. 4 km südl. (www.kloster-wiblingen.de), besitzt eine prunkvolle Klosterkirche und eine Bibliothek im Rokokostil. Ca. 30 km östl. liegt das hübsche **Günzburg** (mit einem Schloss im Renaissancestil, 16. Jh.). Eine Attraktion bei Günzburg ist der Vergnügungspark **Legoland.** Im Nordosten von Ulm erstreckt sich das **Dillinger Land** (www.dillinger

Feste feiern am Ulmer Donauufer

land.de) mit über 700 Seen für Wassersportler, dem „mooseum" (Forum Schwäbisches Donautal für Naturfreunde) und dem Apollo-Grannus-Tempel. Immer im Sept.: **Donautal-Radelspaß** (www.donautal-radfahren.de).

INFORMATION
Ulm/Neu-Ulm Tourist-Information, Stadthaus, Münsterplatz 50, Tel. +49 731 1 61 28 30, www.tourismus.ulm.de

⑤ Neuburg a. d. Donau

Die deutsche Donau ist eine Konkurrenzstraße der Fürstentümer. Die Neuburger reihen sich mit ihrer stattlichen Oberstadt ein.

SEHENSWERT
Die **Pfalz,** das ehem. Residenzschloss (April bis Sept. Di.–So. 9.00–18.00, sonst 10.00–16.00 Uhr), mit Schlosskapelle (1540–1543), Schlossmuseum und Staatsgalerie Flämischer Barockmalerei. Zu einem Rundgang gehören das **Weveldhaus** mit Stadtmuseum (Mitte März–Dez. Di.–So. 10.00–18.00 Uhr) sowie die **Provinzialbibliothek** (nur mit Führung: Mai–Okt. Mi. 14.30 Uhr und So. im Rahmen der Stadtführung).

VERANSTALTUNGEN
Fischergasslerfest mit Fischerstechen (Ende Mai); **Neuburger Schlossfest** (Juni/Juli in un-

Dom und Steinerne Brücke in Regensburg (oben). Drei Farben, drei Flüsse: Passau (rechts oben). Schloss in Neuburg (rechts unten)

geraden Jahren; www.verkehrsverein-neuburg. com); **Neuburger Volkstheatersommer** (Juni/Juli; www.neuburger-volkstheater.de).

INFORMATION
Tourist-Information, Ottheinrichplatz A 118, 86633 Neuburg, Tel. +49 8431 55-240, -241, www.neuburg-donau.de

⑥ Ingolstadt

Audi und Reinheitsgebot – das sind womöglich die ersten Schlagwörter, die einem spontan zur zweitgrößten Stadt Oberbayerns einfallen.

SEHENSWERT
Vom **Kreuztor,** dem Wahrzeichen der Stadt aus dem späten 14. Jh., zur **Asamkirche Maria de Victoria** (1732–36; März–Okt. tgl. 9.00 bis 12.00 und 12.30–17.00 Uhr, sonst kürzer), in der Deckenfresko und Lepanto-Monstranz (Schatzkammer) zu bewundern sind. Über das **Liebfrauenmünster** und das **Ickstatthaus** mit der höchsten Barockfassade Süddeutschlands über den Donausteg zum **Klenzepark.**

UMGEBUNG
Vor den Toren der Stadt werden im Audi-Forum im **museum mobile** Autofahrerträume gelebt (www.audi.de; tgl. 9.00–18.00 Uhr).

INFORMATION
Tourist-Information am Rathausplatz, Moritzstraße 19, 85049 Ingolstadt, Tel. +49 841 3 05 30 30, www.ingolstadt-tourismus.de

⑦ Kelheim

Bei Kelheim befindet sich der Zufluss des (Rhein-)Main-Donau-Kanals.

SEHENSWERT
Die **Befreiungshalle,** ein antikisierender Rundbau, wurde im 19. Jh. zum Andenken an die Befreiungskriege gegen Napoleon errichtet (Tel. +49 9441 68 20 70, der obere äußere Umgang ist bis ca. 2018 gesperrt). Südl. die **Benediktiner-Abtei Weltenburg,** Bayerns ältestes Kloster, 1716–36 von den Asam-Brüdern erbaut, mit Fresken und ältester Klosterbrauerei der Welt (www.weltenburger. de). Hier beginnt der **Donaudurchbruch.**

INFORMATION
Tourist-Information, Ludwigsplatz 1, 93309 Kelheim, Tel. +49 9441 70 12 34, www.kelheim.de

⑧ Regensburg

Als „Stadt am Strom" bezeichnet sich **Regensburg** **TOPZIEL**. Seit 2006 gehören Altstadt und Steinerne Brücke zum UNESCO-Welterbe.

SEHENSWERT
Von der **Historischen Wurstküche** (Thundorferstr. 3) neben der **Steinernen Brücke** und ihrem **Brückturm** mit Schifffahrtsmuseum und schöner Aussicht geht es über die **Salvatorkapelle** („Gasthof zum Weißen Hahn"), vorbei an der **Porta Praetoria** durch die **Altstadt** zum **Domplatz** mit **Dom St. Peter** (6.30 bis 17.00/18.00 Uhr). In der Wahlenstraße der **Goldene Turm** (13. Jh.). Vom Kohlenmarkt zum **Rathaus** (13. Jh.) mit **Stadtschreiberhaus** und **Reichssaalbau** und über den **Fischmarkt** zurück ans Donauufer.

VERANSTALTUNGEN
Regensburger Dult: Volksfest, das zweimal jährlich stattfindet, im Mai und im Aug./Sept.; **Jahninselfest:** Kleinkunst, Musik (Juli; www. jahninsel fest.de); **Konzerte der Regensburger Domspatzen** (www.domspatzen.de).

UMGEBUNG
Bei Donaustauf, ca. 10 km donauabwärts, **Walhalla** (19. Jh.; www.stbar.bayern.de/hochbau/ projekte/walhalla.php) mit Büsten zu Ehren bedeutender deutscher Persönlichkeiten.

INFORMATION
Tourist-Information, Rathausplatz 4, 93047 Regensburg, Tel. +49 941 5 07 44 10, www.regensburg.de

> ### Tipp
>
> ## Tropfen für Tropfen
>
> Nicht nur die Walhalla (unten) versetzt bei Regensburg Besucher in Staunen – staunenswert ist auch der hiesige Wein. Allein schon, weil er auf lediglich vier Hektar angebaut wird. In Bach a. d. Donau, kurz hinter der Walhalla, präsentiert das Baierweinmuseum Wissenswertes zur Geschichte des Weinanbaus in der Region.
>
> **WEITERE INFORMATIONEN**
> www.baierwein-museum.de

⑨ Straubing

Die alte Herzogstadt ist untrennbar mit dem Namen Agnes Bernauer verbunden.

SEHENSWERT
Die **Agnes-Bernauer-Kapelle** befindet sich an **St. Peter**. Von den Brüdern Asam gestaltet: die **Ursulinenkirche**. Das Mosesfenster im Hochchor der **Basilika St. Jakob** wurde nach einem Entwurf Albrecht Dürers gefertigt. Wahrzeichen der Stadt ist der **Rathausturm**.

MUSEUM
Im **Gäubodenmuseum**: der „Römische Schatzfund" (www.gaeubodenmuseum.de; Di.–So. 10.00–16.00 Uhr).

VERANSTALTUNGEN
Intern. Jazzfestival **Bluetone** (Juni/Juli; www.bluetone.de); **Gäubodenvolksfest**: zweitgrößtes Volksfest in Bayern (Mitte Aug.; www.volksfest-straubing.de); **Agnes-Bernauer-Festspiele** (im 4-jährigen Turnus: 2019, 2023 etc.; www.agnes-bernauer-festspiele.de).

INFORMATION
Tourismus und Stadtmarketing (Rathaus), Theresienplatz 2, 94315 Straubing, Tel. +49 94 21 94 43 07, www.straubing.de

⑩ Passau

In der Altstadt gleicht die Dreiflüssestadt **Passau TOPZIEL** einem Freilichtmuseum.

SEHENSWERT
Dom St. Stephan mit der größten Domorgel der Welt (www.bistum-passau.de). Durch die **Altstadt** zur **Bischöfl. Residenz**; in der Neuen Residenz Deckenfresko über dem Rokoko-Treppenhaus. Über den **Residenzplatz** und am **Rathaus** vorbei zur Donau. Über die Promenade zur **St.-Pauls-Kirche** (17. Jh.). Am Donauufer gegenüber **Veste Oberhaus** mit Museum und Café (www.oberhausmuseum.de).

MUSEUM
Unweit der Schiffsanlegestellen in der Bräugasse das **Museum Moderner Kunst** – Stiftung Wörlen (www.mmk-passau.de).

VERANSTALTUNGEN
Festspiele **Europäische Wochen**: Kaleidoskop europ. Kultur (Mitte Juni–Ende Juli; www.ew-passau.de); **Passauer Kabarett-Tage** (www.scharfrichterhaus.de).

UMGEBUNG
Schönster Blick auf den Zusammenfluss von Donau, Inn und Ilz von der österreichischen Seite aus, vom **Café Blaas** (www.freinberg.at). **Deggendorf** (35 km nördl.) gilt neben Passau als „Tor zum Bayerischen Wald".

INFORMATION
Tourist-Information, Rathausplatz 2, 94032 Passau, Tel. +49 851 95 59 80, www.passau.de

Genießen   Erleben   Erfahren

DuMont
Aktiv

Immer eine Handbreit Wasser unter dem Kiel

Wunderschön ist der Donaudurchbruch an der Schwäbischen Alb. Der noch junge Fluss in Deutschland ist – zu bestimmten Zeiten – eindrucksvoll auf dem Wasser zu „erwandern": im Kanu.

Ob „Hausener Wände", der „Lenzenfelsen" oder der „Schaufelsen", die Massive prägen das Landschafts- und Flussbild im Naturpark Obere Donau. Es sind zum einen grandiose Aussichtspunkte, die weite Blicke bis zu den Alpen erlauben, zum anderen aber auch atemberaubende Felsformationen, durch die sich die junge Donau ihren Weg bahnt.

Hier ist der Fluss noch naturbelassen, Flora und Fauna werden streng geschützt. Das Paddeln ist nur in bestimmten Zeiträumen erlaubt und erfordert eine Mindesthöhe an Wasser unterm Kiel. Zudem ist die Anzahl der Boote pro Tag beschränkt, sodass rechtzeitige Information und Anmeldung ratsam ist. Hat man es aber geschafft und erwandert sich den Fluss Paddelschlag für Paddelschlag, so wird dies zu einem einzigartigen Erlebnis.

Der Naturpark Obere Donau bietet vielen bedrohten Pflanzen- und Tierarten eine geschützte Heimat. So findet beispielsweise das eigentlich vor allem in der Arktis oder den Alpen verbreitete Stienröschen auf den Felsvorsprüngen eine passende Bleibe. Auch Vögel wie der Uhu oder der Wanderfalke passen sich den felsigen Gegebenheiten des Donautals an und machen die Umgebung zu einem wahren Naturparadies.

Weitere Informationen

Informationen zum Naturpark unter **www.naturpark-obere-donau.de**

Haus der Natur Obere Donau, Wolterstr. 16, 88631 Beuron, Tel. +49 7466 9 28 00

Bootsvermietung im Naturpark Obere Donau:
Donautal Touristik, Günter Irion, Kreenheinstetter Str. 10, 88631 Beuron, OT Hausen im Tal, Tel. +49 7466 15 25, **www.donautal-touristik.de**

All jene, die sich zum Kanuwandern im Naturpark Obere Donau aufmachen, erleben eine wunderschöne, romantische Paddeltour auf einem einzigartigen, naturbelassenen Fluss.

Die Donau im Dreivierteltakt

Ist die Donau wirklich so blau, wie der bekannte Walzer von Johann Strauß glauben machen will? Das lässt sich wunderbar bei einer Tour entlang der österreichischen Donau herausfinden – per Auto, Schiff oder auch mit dem Rad. Prachtvolle Klöster und Kirchen, Wein in Hülle und Fülle sowie große Traditionen präsentieren sich an den Ufern.

Die ältesten Mauerreste der hoch über der Donau in der Wachau gelegenen Burgruine Aggstein dürften mehr als 800 Jahre alt sein.

Dürnstein in der Wachau: Im engen Durchbruchstal zwischen dem Benediktinerstift Melk und der Stadt Krems vereinen sich Fluss und Hügel, Wein- und Obstgärten, mittelalterliche Dörfer und Städtchen, Burgen und Klöster zu einer von der UNESCO zum Welterbe erklärten Kulturlandschaft.

Brauchtum und Tradition ...

... werden groß geschrieben in der Wachau.

„Donau so blau,
Durch Tal und Au
Wogst ruhig du dahin,
Dich grüßt unser Wien,
Dein silbernes Band
Knüpft Land an Land ..."

Franz von Gernerth, „Donau so blau"

Auf der Schiefertafel des Klosterstüberlwirts an der Steiner Landstraße in Krems steht: „Empfehlung: alles". Und was im ersten Moment nach dreister Übertreibung oder gar windigem Konsumentenfang aussieht, bestätigt sich hier, im Herzen der österreichischen Donau, überall. Die Wachau ist einer der wenigen Abschnitte der „westlichen Donau", die noch relativ unreguliert fließen. Zwischen Melk und Mautern gibt es kein Kraftwerk, keine Schleuse, und gegen Brückenbaupläne wehrte man sich stets erfolgreich. Die Wachau, auch Wiege Österreichs genannt, ist malerisches Idyll. Von Wein- und Marillenhängen („Marille" ist ein österreichisches Wort für Aprikose) umsäumt, reich an Kirchen, Klöstern und Burgen. Nirgendwo finden sich so viele prunkvolle Zeugen der Geschichte wie an dem bayerisch-österreichischen Donauabschnitt. Und das Überraschende: Trotz der zahlreichen Touristen, die das beispiellos schöne Fleckchen Erde alljährlich zu Fuß, per Rad oder auf dem Schiff besuchen, wird hier „sanfter Tourismus" großgeschrieben.

Gefährliche Wasser

Dabei windet sich die Donau auf ihren ersten Kilometern in Österreich gewaltig. In der „Schlögener Schlinge" zwingt der massive Granit sie zweimal zu einer Wende um fast 180 Grad. So richtig turbulent aber wird es ungefähr ab Flusskilometer 2112, am Tor zum Strudengau. „Es strudelt und wirbelt nicht mehr" – diese beruhigende Nachricht konnte man erst 1957 vermelden, als die letzten Arbeiten zur Regulierung des Strudengaus abgeschlossen waren. „Struden" kommt von Strudel, und die Wasserwirbel vor Grein und St. Nikola stellten jahrhundertelang ein großes Problem für die Schifffahrt dar. Ganze Boote wurden hier in die Tiefe gerissen.

Davon ist heute nichts mehr zu spüren. Nur die teilweise sehr engen Durchfahrten sowie die schroffen Felsvorsprünge lassen erahnen, welchem Risiko man sich als Flussfahrer auf diesem Donauabschnitt aussetzte, der lange Zeit als der gefährlichste des ganzen Stromes galt. So mancher Kapitän verlor hier Ladung und Leben. Die Anrainer freilich verdienten gut an den gefährlichen Wassern. St. Nikola und vor allem Grein profitierten von ihren „Strudel"-Dienstleistungen: Lotsendiensten, dem sogenannten Ladstattrecht und der Beherbergung von Schiffsmannschaften, wenn der Fluss wieder einmal allzu wild tobte oder einfach zu wenig Wasser führte.

Seit dem 14. Jahrhundert gab es Versuche, die österreichische Donau zu „befrieden". 1777 ordnete Kaiserin Ma-

Gewaltige Kehren an der 2008 zum „Naturwunder Oberösterreichs" erklärten Schlögener Schlinge – etwa auf halbem Weg zwischen Passau und Linz, zwischen Stromkilometer 2180,5 und 2186,5 gelegen

Egal, ob Drachen steigen lassen, Wandern, Radfahren oder gemütliches Spazierengehen – das grüne Donauufer bietet Jung und Alt die Möglichkeit für vielfältigen Freizeitspaß.

Hier müssen alle Schiffe durch: Schleuse bei Jochenstein, an der Grenze zu Österreich.

ria Theresia die ersten Sprengungen im Strudengau an. Im September 1854 verunglückte die Kaiserjacht „Adler" vor St. Nikola, was die Bemühungen – welch Wunder – zu forcieren schien. Die goldene Inschrift am Felsen von St. Nikola dankt dem obersten Sprengmeister und Strudelbezwinger: „Kaiser Franz Joseph befreite die Schifffahrt von der Gefahr im Donauwirbel durch Sprengung der Hausstein Felseninsel/1853–1866."

Blau oder smaragdgrün?

Weltruhm erlangte die Donau in oder bei Wien eher zufällig. Während sich Tonbilder wie beispielsweise Smetanas „Moldau" vom Fluss inspirieren ließen,

hat der Strauß-Walzer „An der schönen blauen Donau" rein gar nichts mit dem Fluss und erst recht nicht mit seiner Farbe zu tun. In den Beobachtungen des Anton B. für das Hydrographische Institut Wien, vor langer Zeit aufgezeichnet, finden sich vielerlei Farbnuancen – außer eben Blau. Was die Willkürlichkeit der Bezeichnung „blaue Donau" eindrucksvoll belegt. So präsentierte sich in einem Jahr die Donau an 59 Tagen „schmutziggrün", an elf Tagen „braun", an 46 Tagen immerhin „smaragdgrün", an ebenso vielen „lehmgelb", und am häufigsten schimmerte der Fluss „stahlgrün". Angeblich soll der Titel des Walzers sogar ironisch gemeint sein.

Der Donauwalzer

Er ist einer der ersten globalen „Tophits", der oben erwähnte Walzer von Johann Strauß. Als fixer Bestandteil bei den alljährlichen Neujahrskonzerten der Wiener Philharmoniker zu hören und von Stanley Kubrick in seinem Science-Fiction-Film „2001: Odyssee im Weltraum" kongenial als Musik eingesetzt. Das Attribut „heimliche Nationalhymne Österreichs" zeugt allerdings von grandioser Unkenntnis des Liedtextes. An einem Narrenabend des Wiener Männergesangsvereins zur Uraufführung gebracht, ließ der mäßige Erfolg des Walzers angeblich selbst den Komponisten an seinem Werk zweifeln. Erst der dar-

Wiener Architekturikone trifft auf Mahnmal:
das blattgoldverzierte, ornamentreiche
Ausstellungshaus der 1897 von Gustav Klimt und
anderen Künstlern gegründeten Wiener Secession
und die Pestsäule am Graben. Ikonenstatus haben
auch die zweispännigen Lohnkutschen, deren
Name, Fiaker, sich von der „Rue de Saint Fiacre" in
Paris ableitet, wo sich bereits im 17. Jahrhundert ein
erster Standort für solche Kutschen befand.

Die Domkirche St. Stephan zu Wien wird meist „Stephansdom" oder „Steffl" genannt.

Im Park von Schloss Schönbrunn, einst die Sommerresidenz der Habsburger, stehen die Blumenrabatten in schönster Pracht.

auf verfasste Text „Donau so blau" verknüpfte den Walzer mit dem „silbernen Band" der Donau – untrennbar bis heute.

Alt und Neu

Kaiser Franz Joseph hat Wien auch sein heutiges Donaubett zu verdanken. Böse Zungen behaupten unverdrossen, Wien liege nicht an, sondern neben der Donau. Tatsächlich spielt der Fluss keine so zentrale Rolle, wie das in anderen europäischen Hauptstädten wie Paris, London oder Budapest der Fall ist. Erst seit den 1970er-Jahren, als die letzte große Donauregulierung vollzogen wurde, beginnt die Stadt an die Donau heranzurücken, wie Donau- und UNO-City sowie die künstliche Donauinsel belegen. Das Flussbett, an dem sich heute Hafen, Radwege und Brücken befinden, wurde vom 19. Jahrhundert an als „Neue Donau" bezeichnet. Es wurde von der gleichen Firma angelegt, die bereits den Suez-Kanal gegraben hatte, und am 3. Mai 1875 eröffnet. Der eigentliche Hauptarm der Donau, der heute durch die Bezirke Kaisermühlen und Kagran führt, wurde zum „alten Gerinne" und fortan zur Natureisgewinnung missbraucht. Er entwickelte sich zum bevorzugten Naherholungsgebiet der Wiener.

Unscheinbar liegen sie flussabwärts am linken Donauufer, im Schatten der UNO-City. Wie schwimmende, jedoch

fest vertäute kleine Schreberhütten, die über den Charme eines Geräteverschlags nicht hinauskommen. An den Hütten, allesamt mit Hausnummern versehen, gibt es eine eigene Fangtechnik: das Daubelfischen. Über eine Seilrolle wird ein viereckiges Netz zu Wasser gelassen, in der Hoffnung, dass sich beim Heraufziehen ein paar Fische darin befinden. Die eher geringe Erfolgsquote spricht Bände über den Stellenwert des Fischfangs. Die vertäuten Boote sind schlichte Wochenendlauben auf dem Strom, „wo heutzutage eh nix mehr schwimmt und beißt", wie Hans, ein Daubelkranpächter, meint. Aber darum geht es auch

Sein heutiges Donaubett verdankt Wien Kaiser Franz Joseph.

gar nicht. Es geht um das Warten, das Schaukeln, die frische Luft, die Aussicht und die Ruhe beim „Weißen Spritzer". Ganz ohne Fisch.

Prachtpforten

Der österreichische Donauabschnitt gehört mit seinen weltlichen und kirchlichen Bauwerken zu den kulturhistorisch eindrucksvollsten in ganz Europa.

Auf den rund 200 Flusskilometern zwischen Engelhartszell und Krems findet man bedeutende Spuren der vergangenen Jahrhunderte – in eindrucksvollen Bauwerken manifestierte europäische Macht- und Prachtgeschichte. Zu den bedeutendsten gehört das Stift Melk bei Stromkilometer 2036. Den Himmel auf Erden nachbauen zu wollen wäre eine blasphemische Unterstellung, dennoch zeigt das Stift Melk in beeindruckender Weise, wie imposant so eine Ewigkeit aussehen könnte. Ein Österreich ohne Melk, das wäre schon bald nach dessen Gründung undenkbar gewesen. Heute ist die Bedeutung nicht mehr ganz so groß, doch immerhin betreut man noch 23 Pfarreien, beherbergt ein Elitegymnasium und eine umfangreiche Bibliothek. Mit Umberto Eco erlangte das Kloster auch literarischen Weltruhm.

Während Melk quasi das Tor zur Wachau darstellt, wird der Ausgang von Stift Göttweig überwacht. Man stelle sich vor, dass nach einem verheerenden Brand im Jahre 1718 nur etwa ein Vier-

Als Höhepunkt barocker Architektur wie als Inbegriff klösterlicher Prachtentfaltung wacht das Stift Melk am Westeingang zur Wachau majestätisch über die Donau.

Natur pur: Zwischen Wien und Bratislava gelegen, bewahrt der Nationalpark Donau-Auen auf mehr als 9300 Hektar Fläche die letzte große Flussauen-landschaft Mitteleuropas. Lebensader des Parks ist die hier auf einer Strecke von 36 Kilometern noch frei fließende Donau.

Im Mühlviertel: Sankt Nikola an der Donau

Innenhof von Stift Melk: Seit über 900 Jahren leben hier auf dem Berg Benediktinermönche.

tel des gesamten Bauvorhabens realisiert wurde. Welche Steigerungsform sollte man noch finden für das „österreichische Montecassino"? Baulich orientiert es sich am Escorial in Madrid.

Maut und Macht

Neben kirchlicher Macht ist die Lage an bedeutenden Flüssen auch und vor allem für weltliche Herrscher von großer Bedeutung. An Aggstein kommt man da beim besten Willen nicht vorbei, schon wegen der aggressiven Beschilderung an den Zufahrtsstraßen („noch 8,6 km bis ins tiefste Mittelalter"). Die exponierte Wehranlage, die insbesondere mit der Überwachung des Flusslaufs und dem Kassieren deftiger Mautgebühren beschäftigt war, birgt auch eine gruselige Geschichte: die des Ritters „Jörg Scheck von Wald". Er übernahm Aggstein im 15. Jahrhundert, befestigte die Burg und zahlte brav Abgaben an seinen Lehnsherrn. Doch er wurde zum Raubritter und hielt Gefangene, die das Lösegeld für ihre Befreiung nicht zahlen konnten oder wollten, auf einem kargen Felsvorsprung fest, den er „Rosengärtlein" nannte. Hier hatten sie nur die Wahl, zu verhungern oder sich in den Abgrund zu stürzen. Einer, der sprang und überlebte, berichtete von den Machenschaften des rüden Ritters, und so wurde dieser gestürzt.

> Schön ist auch die Legende von der Haft des englischen Königs Richard Löwenherz in Dürnstein, ein paar Flusskilometer aufwärts.

Geld und Gesang

Schön ist auch die Legende von der Haft des englischen Königs Richard Löwenherz in Dürnstein, ein paar Flusskilometer aufwärts, am wohl malerischsten Ensemble der Wachau. Löwenherz hatte angeblich die Babenberger Fahne beleidigt. Der Sänger Blondel de Nesle nahm über seinen Gesang Kontakt mit dem gefangenen König auf und sorgte letztlich für dessen Befreiung. An einem satten Lösegeld kommt allerdings auch die Legende nicht vorbei.

Heute erscheint der Fluss weit weniger einträglich, zumal in Österreich – eine kleine Besonderheit – keine Benutzungsgebühren für Schleusen erhoben, auch keine Ufer- und Hafenabgaben verlangt werden. Die Zeiten haben sich geändert. Und die neun Donaukraftwerke liefern zwar knapp dreißig Prozent des österreichischen Energiebedarfs – vergleicht man aber die Schifffahrt auf der Donau mit jener auf Vater Rhein, so nimmt sich das Frachtaufkommen geradezu bescheiden aus. Einzig der Hafen Linz macht da eine Ausnahme. Hier überwintern unter anderem die meisten Donaukreuzfahrtschiffe. Zum Leidwesen der Linzer liegt die Stadt noch immer sehr im Schatten des Industriehafens. Zu Unrecht, wie ein Spaziergang durch die Innenstadt eindrucksvoll belegen kann.

Die schönsten Feste

Und immer die Donau im Fokus

Authentisch inszenierte Ritterturniere auf der Donau, bei denen sich gegnerische Mannschaften mit Lanzen gegenseitig ins Wasser stoßen, Donau in Flammen, Open-Air-Festivals auf Donauinseln, Internationaler Donau-Tag – bei diesen grandiosen Festen bildet immer der herrliche Fluss den Mittelpunkt.

❶ Internationaler Donau-Tag

Den 29. Juni hat die „Internationale Kommission zum Schutz der Donau" im Jahr 2004 zum Internationalen Donautag (Danube Day) erklärt. Alle Staaten im Donauraum vom Schwarzwald bis zum Schwarzen Meer sind aufgerufen, diesen Ehrentag für die Donau würdig zu feiern. Und so finden jedes Jahr Ende Juni in allen Donau-Anrainerstaaten und vier weiteren benachbarten Ländern jeweils interessante Veranstaltungen statt, die Groß und Klein Kultur, Natur und Wissen vermitteln – wobei natürlich die Donau immer im Mittelpunkt steht.

www.danubeday.org

❷ Ulmer Fischerstechen

Die Legende besagt, im ausgehenden Mittelalter hätten zwei Ulmer Fischer ein Ritterturnier beobachtet, eine Veranstaltung der Mönche des Klosters Reichenau in Ulm. Pfiffig, wie sie waren, dachten sie sich: Das können wir auch, zwar nicht mit Pferden, aber mit unseren „Zillen". Gemeint waren ihre Donauboote. So oder ähnlich könnte es gewesen sein. Seit 1662 findet jedenfalls alle vier Jahre an den beiden Sonntagen vor und nach dem Schwörmontag (vorletzter Montag im Juli) das historische Ulmer Fischerstechen statt: ein Wettkampf zwischen zwei Mannschaften, die auf ca. 10 m langen Ruderbooten gegeneinander antreten, um die Teilnehmer der jeweils anderen Mannschaften mit Lanzen von ihren Booten ins Wasser zu stoßen. Der standfesteste Kämpfer, also derjenige, der sich am längsten auf seinem Boot halten kann, gewinnt. Für die johlenden Zuschauer ist das jedes Mal ein Riesenspaß! Stets treten 16 Stecherpaare gegeneinander an. Dabei verkörpern sie Figuren der Geschichte und Ulmer Originale: u. a. den Ulmer Spatz, den Schneider von Ulm, das Narrenpaar, den Türkenlouis und den Großwesir.

Tourist Information Ulm/ Neu-Ulm, Münsterplatz 50, D-89073 Ulm; Tel. +49 731 1 61 28 30, www.tourismus. ulm.de; alle vier Jahre: d. h. 2017, 2021 …

❸ Donau in Flammen

Lassen Sie sich vom Feuerwerk verzaubern, das synchron zu großen Melodien am Donauufer gezündet wird! Erleben Sie die Spiegelung der Explosionen im Wasser, bestaunen Sie das Lichterspiel der raffinierten Feuerwerksformationen längs des Donautals! Die Klangfeuerwerke können Sie von einem Schiff aus der Flotte der Donauschifffahrt Wurm + Köck mitverfolgen oder vom Ufer aus, wo Gastgärten oder Biertische auf Zuschauer warten. Die Feuerwerke stehen immer im Zeichen von Mythen und Sagen aus der Donauregion, etwa „Von Kaiser Ottos Heim" oder „Die Fahrt der Nibelungen", jeweils spannend erzählt. Zu den Orten des musikalischen Donaufeuerwerks (Mai und Aug.) gehören Vilshofen, Passau, Aschach/Feldkirchen und Linz.

Donauschifffahrt Wurm + Köck, Ostengasse 3, D-93047 Regensburg; Tel. +49 941 50 27 78 80; www.donauschiffahrt.de

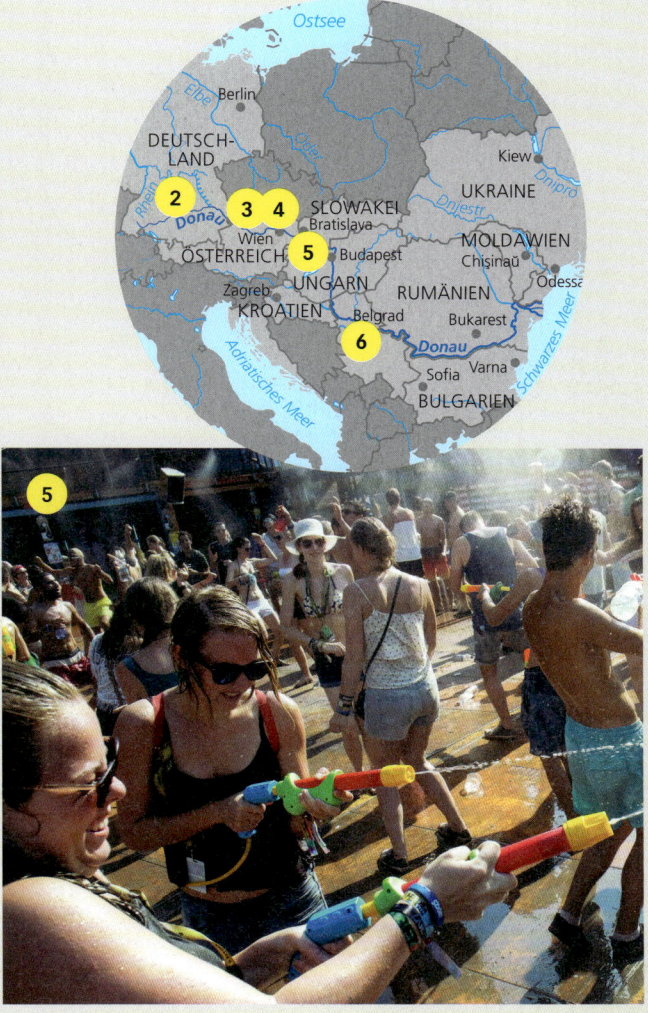

5 Sziget-Festival in Budapest

Das Sziget-Festival ist mehr als nur ein Musikfestival. Natürlich kommen viele Besucher nur wegen der Musik auf die nördlichste der drei Stadtinseln Budapests. 100 ha groß und knapp 3 km lang, bietet die Insel (ungarisch „Sziget") alljährlich im Sommer (Anfang/Mitte Aug.) über 60 Bühnen Platz, auf denen viele Musiker spielen, einige darunter von Weltrang. Für die meisten Besucher ist das Ambiente des siebentägigen Festivals die eigentliche Attraktion. Campiert wird im Wald, der in der Nacht dank Lichterketten, Lampions, Glühbirnen und LEDs märchenhaft leuchtet. Wahre Fress-Meilen mit Lebensmittelläden, Restaurants, Cafeterias und Fast-Food-Ständen halten u. a. Burger, asiatische Gerichte und ungarische Spezialitäten bereit. Kostenlose Trinkwasser-Brunnen stehen zur Verfügung, eine Sprühregen-Anlage über der Hauptbühne erfrischt bei großer Hitze. Neben Musik gibt es Zirkusshows mit viel Akrobatik, Kabaret, Travestieshows, einen Kletterpark, einen 5 m hohen Springturm, einen Fußballplatz, Beachvolleyball, Yoga, begehbare Kunstinstallationen, Nähwerkstätten, Bastelstuben, Design-Shops, einen Rummelplatz, Bodypainting, Schminkkurse und im Bedarfsfall auch eine Drogenberatungsstelle.

http://de.szigetfestival.com

6 Belgrader Bootskarneval

Alljährlich im Hochsommer startet in Belgrad der Bootskarneval. Es ist ein einmaliges Spektakel, wenn alles, was schwimmen kann, über die Flüsse Donau und Save in die Stadt einzieht: eine bunte Parade von geschmückten Booten, Jet-Ski-Akrobaten und Segelbooten. Für Unterhaltung auf dem Wasser und am Ufer sorgen Theaterkünstler, Akrobaten, Zauberer sowie das Polizeiorchester und berühmte Bands. Zu den Höhepunkten gehört die Wahl des hübschesten Karnevalskostüms und des schönsten dekorierten Bootes. Krönender Abschluss ist das grandiose Feuerwerk.

www.tob.rs/belgrades-events/

4 Donauinselfest Wien

Größtes Gratis-Open-Air-Festival Europas! An einem Wochenende in den letzten Junitagen findet seit 1984 auf der Wiener Donauinsel regelmäßig das Freiluft-Musikfestival statt. Dann verwandelt sie sich für 3 Mio. Besucher eine Zeit lang zur Mega-Partymeile! Auf zahlreichen Bühnen treten die unterschiedlichsten Bands auf. Rund 2000 Künstler bieten Unterhaltung für jedes Alter und jeden Geschmack: vom Oldie über Schlager zum Rock. Im Angebot sind auch Kabarett-, Sport- und Kinderprogramme. Die Sportinsel lädt besonders Wagemutige zum Klettern ein – auf der Kletterwand oder im Hochseilgarten –, man kann auch aus der atemberaubenden Höhe von 10 m in die Tiefe springen: Keine Angst, ein Luftkissen sorgt unten für eine sanfte Landung! Für das leibliche Wohl sorgen zahllose Gastronomie-Stände.

https://2017.donauinsel fest.at (entsprechendes Jahr eingeben!)

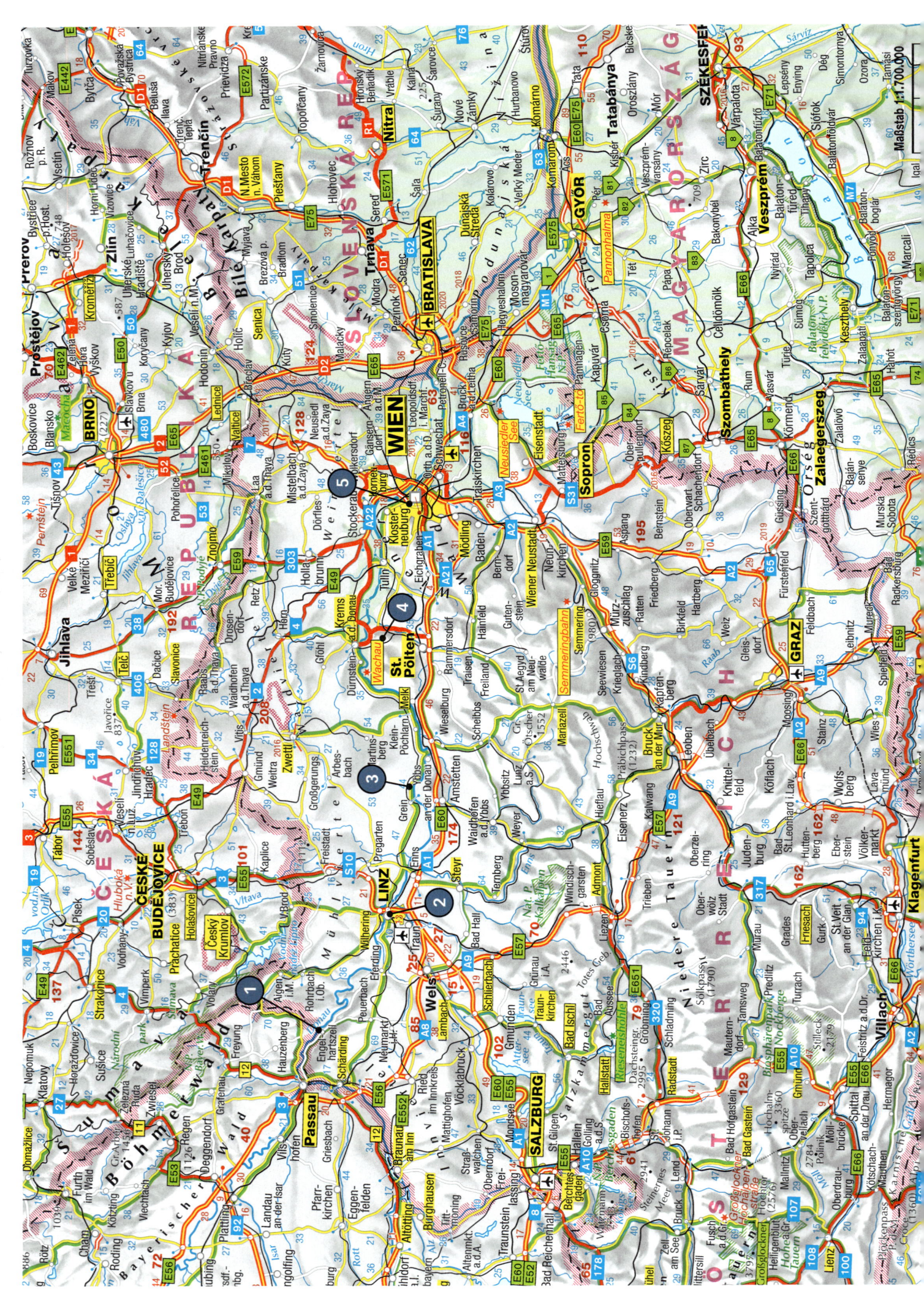

Habsburg und Heuriger: In Linz beginnt's

Mächtige Klöster wie Melk, wunderschöne Landschaften wie die Wachau, geheimnisvolle Burgruinen und Weinberge finden sich rechts und links der Donau. Und dann erreicht sie schließlich Wien. Einzigartig sind die Zeugnisse einer großen Geschichte, die Lebensart – und auch die Schrulligkeit, der man hier dann und wann begegnen mag.

❶ Engelhartszell

Bekannt wurde Engelhartszell durch das Trappistenstift Engelszell und die Nähe zur Schlögener Schlinge, einem Naturspektakel, das nur auf dem Schiff so richtig erlebbar wird.

SEHENSWERT

Die **Stiftskirche** (1754–64) gehört zu den stilistisch reinsten Rokokokirchen in Österreich (Tel. +43 7717 8 01 00, www.stift-engelszell.at; tgl. 8.00–19.00, Winter bis 17.00 Uhr, Führungen nach Anm.). Man sollte keinesfalls die Verkostung eines der berühmten Engelszeller Klosterliköre versäumen.

AKTIVITÄTEN

Radfahrer sind an der oberösterreichischen Donau bestens aufgehoben, der Weg ist sehr gut ausgebaut (www.donauradweg.at; Infos zu Unterkünften: Top-Rad-Stop-Hotels, Lindengasse 9, 4040 Linz, Tel. +43 732 7 27 78 00).

UMGEBUNG

Die **Schlögener Schlinge** wird tgl. von Passau aus mit Ausflugsschiffen angesteuert. Ein Landaufenthalt mit Besichtigung des Stifts ist möglich (www.donauschiffahrt.de).

INFORMATION

Marktgemeinde Engelhartszell, Marktplatz 61, 4090 Engelhartszell, Tel. +43 7717 80 55 16, www.engelhartszell.at

❷ Linz

Linz ist das Zentrum Oberösterreichs, kulturell und industriell. Mit Brucknerfest und Ars Electronica Center verfügt der Ort über international renommierte Einrichtungen.

SEHENSWERT

Beginnend am **Stifterhaus,** in dem Adalbert Stifter 1848–68 lebte (www.stifter-haus.at), geht es zum Hauptplatz der Stadt mit **Altem Rathaus** und **Dreifaltigkeitssäule** (vollendet 1723). Von hier sind es nur wenige Minuten zum **Alten Dom** (1669–78; tgl. ab 7.30 Uhr), wo Anton Bruckner 1856–68 als Domorganist wirkte.

Blau leuchtet das Lentos Kunstmuseum Linz (oben). Auch in Linz trägt das Festival „Donau in Flammen" seinen Namen zu Recht (rechts).

Das Hauptschiff des **Neuen Doms** (ab 7.30, So. ab 8.00 Uhr, Infos zu Führungen im DomCenter, Tel. +43 732 94 61 00), 1924 geweiht, fasst 20 000 Personen. Auf dem Rückweg zur Donau das **Linzer Schloss** mit Museum (Tummelplatz 10, Di. bis Fr. 9.00–18.00, Do. bis 21.00, Sa./So. 10.00 bis 17.00 Uhr), ein mächtiger Blockbau an der Donaulände (15. Jh., mehrfach umgebaut). Pflichtbesuche auf der linken Uferseite: das **Ars Electronica Center** (www.aec.at; Di., Mi., Fr. 9.00 bis 17.00, Do. bis 21.00, Sa./So. 10.00–18.00 Uhr) neben dem **Urfahrmarkt** sowie eine 20-min. Fahrt mit der **Nostalgiebahn** (Mo.–Sa. ab 6.00, So. ab 7.30 Uhr, alle 30 Min.) auf den Pöstlingberg, wo die **Wallfahrtsbasilika „Sieben Schmerzen Mariä"** (tgl. 8.00–18.00, Mai bis Okt. 7.00–20.00 Uhr) mit toller Aussicht thront.

MUSEEN

Lentos Kunstmuseum (www.lentos.at; Di. bis So. 10.00–18.00, Do. bis 21.00 Uhr) mit seiner Sammlung moderner Kunst. In der **Stahlwelt** des **Voest-Alpine** (www.voestalpine.com/stahlwelt) Konzerns bekommt man einen Einblick in die Welt des Stahls und seiner Verarbeitungsmöglichkeiten. (www.voestalpine-stahlwelt.at; Mo.–Sa. 9.00–17.00 Uhr).

VERANSTALTUNGEN

Donau in Flammen: Sonnwende, Radmarathon (Juni); **Brucknerfest** (Sept.; www.brucknerhaus.at); **ars electronica:** Festival für Kunst, Technologie und Gesellschaft (Sept.; www.aec.at); **Urfahranermarkt:** traditioneller Markt (Frühjahr/Herbst; www.urfahranermarkt.at)

SCHIFFFAHRT

Von Linz aus kann man **Ausflüge** auf der regionalen Donau, nach Wien und Passau machen. Hauptanlegestellen: Untere Donaulände beim Lentos Kunstmuseum oder Jahrmarktgelände (Urfahr). Infos bei der Tourist-Information.

UMGEBUNG

Stift Wilhering: Im Rokokobau bestechen Hochaltarbild, die Fresken des Deckengewölbes von Vater und Sohn Altomonte, Stuckarbeiten von J. M. Feichtmayr und J. G. Üblherr (Linzer Str. 4, www.stiftwilhering.at). Richtung Enns befindet sich eine Gedenkstätte im ehemaligen **KZ Mauthausen,** einem der schlimmsten Lager der SS zwischen 1938 und 1945 (www.mauthausen-memorial.at; März bis Okt. tgl. 9.00–17.30, Nov.–Febr. Di.–So. 9.00 bis 15.45 Uhr).

INFORMATION
Tourist-Information, Hauptplatz 1, 4020
Linz, Tel. +43 732 70 70 20 09, www.linz.at

❸ Strudengau/Nibelungengau

Von den „Struden" ist auf dem Teilabschnitt
der Donau zwischen Linz und der Wachau wenig übrig. Dafür sorgte u. a. die Staustufe Ybbs.
Dennoch bietet dieser Abschnitt mit seinen
Burgen, Kirchen und Schlössern Aufregendes.

SEHENSWERT
Am Donauradweg in Höhe **Stephanshart** die
weltgrößte Mostbirne, 6 m hoch – als Symbol
des Mostviertels, das südl. an die Donau
grenzt. In **Grein** Schloss Greinburg: Arkaden-
hof (Renaissance), mit Donaukieseln ausge-
schmücktes Steinernes Theater; integriert ist
das Oberösterr. Schiffahrtsmuseum (Tel.
+43 7268 70 07 18, www.schloss-greinburg.at;
Mai–Okt. tgl. 9.00–17.00 Uhr). In **St. Nikola**
legt der Nikolaus am 6. Dez. traditionell mit
dem Schiff an. Kurz vor der Wachau befindet
sich mit der frühbarocken Basilika **Maria Taferl** (Tel. +43 7413 2 78, www.basilika.at; Basilika
tgl. 7.00–20.00, Schatzkammer April–Okt. tgl.
10.30–16.30 Uhr, Führ. n. Anm.) eine der
schönsten Wallfahrtsstätten. An der Bezeichnung **Nibelungengau** ist vor allem das Städtchen **Pöchlarn** schuld. In ca. 100 Strophen des
Nibelungenlieds spielt Markgraf Rüdiger von
Bechelaren (Pöchlarn) eine Rolle, was die Gemeinde Anfang des 20. Jhs. bewog, der literarischen und nationalen Ehre wegen den Flussabschnitt zwischen Ybbs und Melk offiziell per
Ratsbeschluss als Nibelungengau zu bezeichnen. Im Ort das Oskar-Kokoschka-Geburtshaus
(www.oskarkokoschka.at; Mai–Okt. tgl. 10.00
bis 17.00 Uhr).

AKTIVITÄTEN
Wandern auf Waldwanderwegen. **Golf:** Golf-
club Maria Taferl, 9-Loch-Anlage, Blick auf
Maria Taferl (M. T. 43, 3672 Maria Taferl, Tel.
+43 7413 3 50, www.gc-mariataferl.at).

INFORMATION
Donau Niederösterreich Tourismus,
Schlossgasse 3, 3620 Spitz a. d. D., Tel.
+43 2713 3 00 60 60, www.donau.com

❹ Wachau

Auf den 33 Flusskilometern zwischen Melk und
Krems trübt nicht einmal eine Brücke den Blick
auf die malerischen Weinhänge der Kulturland-

*Die Weinhänge der Wachau (oben), die Wiener
Staatsoper bei Dämmerung (rechts)*

schaft **Wachau** TOPZIEL. Seit dem Jahr 2000
zählt sie zum UNESCO-Welterbe.

SEHENSWERT
Ausgangspunkt für Schiffsfahrten und Touren
durch die Wachau ist Melk. **Stift Melk** ist mit
seiner berühmten Bibliothek eines der imposantesten Barockklöster der Welt (Tel. +43 2752
55 50, www.stiftmelk.at; April–Okt. tgl. 9.00 bis
16.00/17.30 Uhr, sonst nur Führ. n. Anm.). Hinter **Aggsbach** nahe Schönbühel thront die
Burg **Aggstein** (www.ruineaggstein.at; Ende
März–Okt. tgl. 9.00–18.00/19.00, Nov. Sa./So.
9.00–19.00 Uhr). Seit der Gründung mit dem
Mautrecht für passierende Schiffe versehen,
trieben immer wieder Raubritter ihr Unwesen
auf der Burg. Nach **Willendorf**, Fundort der
berühmten Venus, passiert man **Spitz** (www.
spitz-wachau.com) mit seinem Schifffahrtsmuseum (15. April–Okt. tgl. 10.00–12.00, 14.00
bis 16.00, So./Fei. 10.00–16.00 Uhr). Das nahe
Weißenkirchen (www.weissenkirchen.at) ist
historisches Zentrum der Wachau; im Wachau-
museum Werke der Wachaumaler (Teisenho-
ferhof, April–Okt. Di.–So. 10.00–17.00 Uhr). In
Dürnstein liegt für die Wachau der Höhepunkt
romantischer Bebauung am Donaustrom: die
Stiftskirche des Augustiner-Chorherrenstifts
(www.stiftduernstein.at); darüber die mittelalterliche Burg, in der Richard Löwenherz gefan-
gen gehalten wurde. Zwei Donauschlingen weiter markieren Stein und Krems (Krems Tourismus, Tel. +43 2732 8 26 76, www.krems.gv.at)
den Ausgang der Wachau. Nach dem Steiner
Tor (1480) bezaubert in **Krems** die „Alte Post"
(1584; www.altepost-krems.at), ein Gasthof mit
schönem Arkadengang. In einer ehemaligen
Dominikanerkirche das **museumkrems**, ein
Kunstmuseum mit historischem Weinkeller
(April/Mai Mi.–So., Juni–Nov. tgl. 11.00–18.00
Uhr). An der Kunstmeile liegt das Karikaturmu-
seum Krems (www.karikaturmuseum.at; tgl.
10.00–17.00 Uhr). **Stein** besitzt eine eindrucksvolle Altstadt; die Bailoni-Marillenbren-
nerei ist hier angesiedelt. Nahe Krems thront
Stift Göttweig (1083 gegr.) einige Kilometer
landeinwärts rechtsseitig über den Donau-

auen. Das Stift bietet neben Ausblick und
Seelsorge auch klösterliche Unterkünfte (Tel.
+43 2732 85 58 10, www.stiftgoettweig.at).

SCHIFFFAHRT
April–Okt. regelmäßiger Schifffahrtsbetrieb
zwischen Melk und Krems mit verschiedenen
Gesellschaften (z. B. www.donaureisen.at).

VERANSTALTUNGEN
Wachauer Sonnenwende: Sonnenfeuer auf
den Hügeln u. dem Fluss (um den 21. Juni;
www.sonnenwende.at); **Sommerspiele Melk**
(Juli/Aug.; www.kultur-melk.at); **Intern. Ba-
rocktage Stift Melk:** Musikfestival (Pfingsten;
www.barocktage.at); **Alles Marille** in Krems
(Juli; www.alles-marille.at); **Rieslingfest:** Größtes Weinfest der Region in Weißenkirchen
(Aug.; www.weissenkirchen.net); **Glatt &
Verkehrt-Festival:** Musikfestival Krems (Juli;
www.glattundverkehrt.at).

UMGEBUNG
An Göttweig und Melk entlang führt der **Österreichische Jakobsweg.** Infos beim Tourismusamt Krems (www.krems.info) oder Melk
(www.melk.gv.at, Tel. +43 2752 5 11 60).

INFORMATION
Donau Niederösterreich Tourismus.
Schlossgasse 3, 3620 Spitz a. d. D., Tel.
+43 2713 3 00 60 60, www.donau.com

❺ Wien

Österreichs Hauptstadt schafft den charmanten Spagat zwischen Provinzialismus und
Weltoffenheit. **Wien** TOPZIEL ist Hoch- und
Subkultur zugleich, der Glanz des Habsburger-
reiches immer noch spürbar.

SEHENSWERT
Vom gotischen **Stephansdom** (www.stephans
kirche.at; Führ. tgl. 15.00, 30-min. Abendführ.
mit Dachrundgang Juli–Sept. Sa. 19.00 Uhr)
über die **Kärntner Straße** in Richtung
Staatsoper, vorbei an der **Kapuzinergruft**
(www.kaisergruft.at; tgl. 10.00–18.00 Uhr) zum
Albertinaplatz. Hier kann man sich einen Fiaker
mieten oder zu Fuß weiter flanieren: die **Neue**
und **Alte Hofburg** (www.hofburg-wien.at) mit
den **Kaiserappartements** und der **Schatzkammer,** der **Bibliothek** oder der **Spani-
schen Hofreitschule** und über den **Helden-**

*„Österreichs Hauptstadt schafft den
charmanten Spagat zwischen Provinzialismus und Weltoffenheit."*

platz. Bauten der Wiener Secession, die **Karlskirche** (1737), aber auch **Kaffeehäuser** laden zum Besuch. Etwas außerhalb des Zentrums die **Belvedere-Schlösser** und **Schloss Schönbrunn**, Sommerresidenz Kaiserin Sisis.

MUSEEN

Albertina, eine der bedeutendsten grafischen Sammlungen der Welt (Albertinaplatz, www.albertina.at); **Museumsquartier,** ein großartiges Kulturviertel (www.mqw.at); **Naturhistorisches Museum,** ein Palast der Naturwissenschaft (Burgring, www.nhm-wien.ac.at).

SHOPPING

In der **Altstadt** und am **Graben** überwiegen Dependancen der teuren Modemarken und Souvenirläden; auf der **Mariahilfer Straße** findet man fast alles, was das Herz begehrt. Der **Naschmarkt** bietet einen kulinarischen und am Wochenende auch skurrilen Flohmarktmix.

AKTIVITÄTEN

Beim Bau der Neuen Donau entstand die **Donauinsel,** auf einer Länge von 21 km ein beliebter Freizeittreff; Schwimmer, Skater, Spaziergänger kommen hier auf ihre Kosten.

UMGEBUNG

Vor den Toren Wiens ist **Stift Klosterneuburg** durch den Verduner Altar (1181) zu einem bedeutenden Kunstpilgerort geworden (www.stift-klosterneuburg.at; Sommer tgl. 9.00 bis 18.00, Winter tgl. 10.00–17.00 Uhr).
Der **Nationalpark Donau-Auen** ist eine einzigartige „grüne Lunge". Von **schlossORTH,** Nationalparkzentrum, starten auch Exkursionen (Tel. +43 2212 35 55, www.donauauen.at; März bis Sept. 9.00–18.00, Okt., Nov. bis 17.00 Uhr).

INFORMATION

Tourist-Information Wien, Albertinaplatz/ Maysedergasse (hinter der Staatsoper), 1010 Wien 1, Tel. +43 1 2 45 55, www.wien.info

Tipp

Hier ruht: Namenlos

Ein Wasserwirbel bei Stromkilometer 1918 im Wiener Bezirk Simmering war verantwortlich für die Anschwemmung von allerhand Treibgut am rechten Donauufer, darunter viele Leichen. 1854 wurde hier ein Friedhof für sie angelegt. Der heutige „Friedhof der Namenlosen" liegt etwas versetzt dazu, hinter dem Damm. Bis 1940 hob man Gräber für 104 Tote aus: Selbstmörder, Verunglückte, darunter viele ausländische Seeleute. Die schlichte Anordnung, die einfachen schmiedeeisernen Kreuze machen den Friedhof zu einem der traurigsten, aber auch stimmungsvollsten in Wien.

Genießen   Erleben   Erfahren

DuMont
Aktiv

Die (Wieder-) Entdeckung der Langsamkeit

Mit dem Fahrrad fing alles an. Jetzt beginnt man an den Ufern der Donau die Wanderschuhe zu schnüren, um die malerischen Höhenzüge und Schluchten zu entdecken: 2010 wurde der Grundstein für einen Wanderweg entlang der Donau gelegt, und mit dem Donausteig zwischen Passau und dem oberösterreichischen Grein ein immerhin 450 Kilometer umfassendes ausgeschildertes Wegenetz für alle Ansprüche geschaffen. Ob das nun Touren im Strudengau mit seinen Klettermöglichkeiten sind, im Naturschutzgebiet Pesenbachtal mit seinen schluchtartig in die Donau stürzenden Mühlviertler Bächen, oder ob die Route einen schönen Blick auf das Naturwunder Schlögener Schlinge ermöglicht.

Eine besondere Attraktion ist der Baumkronenweg, wo man knapp unterhalb der Wipfelgrenze die Natur erkunden und in zehn Meter Höhe auch nächtigen kann. Neben dem Donausteig existieren mehrere gut ausgeschilderte Teilabschnitte des berühmtesten aller europäischen Wanderwege – des Jakobswegs – zwischen Melk und dem Stift Göttweig. Ziel der ganzen Unternehmung ist es natürlich, den Donausteig in Richtung Quelle und Mündung fortzusetzen. Das erfolgreiche Vorbild Donauradweg lässt grüßen.

Weitere Informationen

Infos zum österreichischen Teil des Donausteigs:
www.donausteig.com
Infos zum bayerischen Teil:
www.donau-perlen.de

Übernachtungsmöglichkeiten der wirklich besonderen Art bietet der **Baumkro-** **nenweg** in Kopfing mit dem angeschlossenen „Hotel in zehn Meter Höhe"! Ganz nach dem Motto (frei nach Goethe): Über allen Wipfeln ist Ruh' ...

Knechtelsdorf 1, 4794 Kopfing i. I., Tel. +43 7763 2 28 90,
www.baumkronenweg.at

Wanderern entlang der Donau bieten sich zahlreiche Aussichtspunkte mit großartigen Ausblicken – wie beispielsweise hier in der Nähe von Krems.

Die Königin der Donau

Am Übergang von der Oberen zur Mittleren Donau treffen Österreich, die Slowakei und Ungarn zusammen. Bratislava wartet mit seiner hübschen Altstadt auf. Donauabwärts bleibt es historisch bedeutsam – mit Orten wie Esztergom, Visegrád und Vác. Erholung bieten die Landschaften der Schütt und das Donauknie mit dem großartigen Freilichtmuseum bei der Künstlerstadt Szentendre. Doch im Zentrum all dessen steht die Königin der Donau: die Metropole Budapest.

Im abendlichen Licht genießt man den Blick auf Budapest, hoch oben von der Fischerbastei aus, ganz besonders.

Nach einer wechselvollen Geschichte ist Bratislava, das schon 1217 Stadtrecht erhielt, heute die Hauptstadt der Slowakei. Immer noch spürt man hier, im einstigen Preßburg, „die gebieterische Gegenwart von konfliktreichen Epochen" – so Claudio Magris in seinem Buch „Donau, Biographie eines Flusses". Die Abbildungen zeigen (im Uhrzeigersinn) einen Teilnehmer am Krönungsfest, die Donaubrücke, ein Häuserensemble in der Altstadt und eine der dort platzierten lebensgroßen Bronzefiguren.

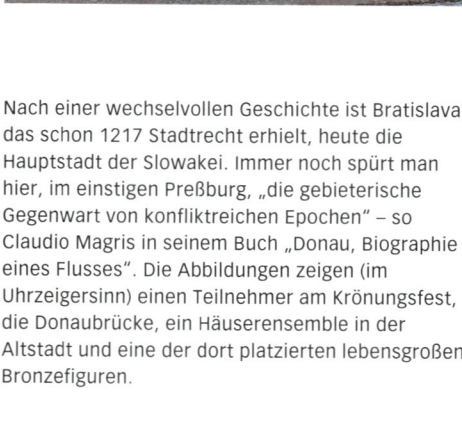

In Devín, dem unterhalb der gleichnamigen Burg bei der Mündung der March in die Donau gelegenen Stadtteil von Bratislava, endet die Obere Donau.

Man trifft sich hier – manche zum Fischen, andere bewundern die Schleusung der Fracht- und Passagierschiffe.

Wollte man die Geschichte der Donau in Ungarn umfassend beschreiben, so müsste man sich mit der politischen, wirtschaftlichen und kulturellen Geschichte Ungarns über die Jahrhunderte hinweg auseinandersetzen. In dem langen Zeitraum vom Jahr 1000 bis 1918 verlief der Fluss fast tausend Kilometer durch ungarisches Hoheitsgebiet, von Theben (Devín) bis zum heute rumänischen Orşova.

Porta Hungarica, „Ungarische Pforte", wird der Abschnitt zwischen Hainburg in Österreich und Bratislava in der Slowakei genannt. Die Pforte ist ein maßgeblicher Einschnitt im Flusslauf. Hier, an der Mündung der March in die Donau, endet geografisch die sogenannte Obere Donau. Und hier trennt der Strom die Alpen von den Karpaten.

Die Schleuse

Attila ist neu auf dem Kreuzfahrtschiff, er passiert die Doppelschleuse des Kraftwerks Gabčíkovo zum ersten Mal. Früher stand er immer nur dort oben auf der Brücke, von der aus ihm heute seine Eltern, deren Nachbarn und fast das ganze Dorf zuwinken. Nicht ohne Stolz versammeln sich Verwandte und Bekannte an den massiven Stahlgeländern, und nicht ohne Stolz winkt Attila zurück, in seiner weißen Montur, immer

das Mobiltelefon am Ohr, über das er Kontakt zu seiner Mutter hält. Der Kapitän hat ihm für die Schleusung freigegeben. Eine knappe Viertelstunde lang sieht und hört sich die Familie, dann ist die Schleusung abgeschlossen. Das Kreuzfahrtschiff ist auf den Pegel hinter dem Kraftwerk abgesenkt, die schweren Stahltore öffnen sich. Für die örtliche Bevölkerung ist der regelmäßige Besuch der Schleuse eine Alltäglichkeit. Man trifft sich hier – manche zum Fischen, andere bewundern die Schleusung der großen Fracht- und Passagierschiffe. Ein industrieromantisches Begegnungszentrum.

Siedlungsgeschichten

Man findet noch immer zahlreiche Spuren der deutschen Siedler, der Donauschwaben, beidseits der mittleren Donau. Ab Ende des 17. und im 18. Jahrhundert wurden sie in den Landstrichen angesiedelt, die während der Türkenherrschaft verwüstet worden waren. Vor allem Maria Theresia trieb dieses Vorhaben voran. In drei „großen Schwabenzügen" siedelten Deutsche nach Ungarn, Syrmien (heute Vojvodina) und Slawonien (Kroatien), in die Batschka, das Banat oder das Sathmar um. Dabei ist die Bezeichnung „Schwaben" nur teilweise richtig. Viele Neusiedler kamen

Stilvielfalt am Europaplatz in Komárno

Barockhäuser versammeln sich um den langgestreckten, dreieckigen Március 15. tér in Vác, den Hauptplatz des Städtchens auf der linken Seite der Donau.

Der Dom zu Esztergom

Greifvogel-Vorführung an der Visegráder Burg

Das Donaukraftwerk

Special

Gigantomanie in Gabčíkovo

·····································

An diesem Kraftwerk scheiden sich die Geister. Es ist ohne Frage imposant – beeindruckend und mächtig. Doch es ist auch ein Politikum. Naturschützer halten es für die in Beton und Stahl gefasste Manifestation der Zerstörung der slowakischen und ungarischen Donauauen. In den Augen der Anwohner hingegen bedeutet das Kraftwerk östlich von Bratislava einen notwendigen Schritt zur Regulierung des Donauhochwassers.

Beide Seiten haben nicht unrecht. Fraglos gehört die Schleuse nebst Kraftwerk zu den größten und imposantesten an der Donau. Fraglos gehört das Bauwerk auch zu den rücksichtslosesten Projekten, was Umwelt, ökologisches Gleichgewicht, ja sogar die Trinkwasserversorgung der Anwohner betrifft. Die Aulandschaften der Schüttinsel wurden weitgehend zerstört. Erst langsam erholt sich das Ökosystem wieder, allerdings in vom Menschen geschaffenen Bahnen.

Viel (Strom-)Kraft, viel (Umwelt-)Zerstörung

Ursprünglich war das Kraftwerk als Zwei-Stufen-Projekt mit der ungarischen Stadt Nagymaros geplant – wo eine zweite Staustufe entstehen sollte. Doch 1989 stellte Ungarn, auch aus umweltpolitischen Gesichtspunkten, die Arbeiten ein und kündigte 1992 den Vertrag. Realisiert wurde nur Gabčíkovo. Letztlich stehen elf Prozent der Stromerzeugung der Slowakei irreparable Schäden unbekannten Ausmaßes für die Ökologie gegenüber.

auch aus Hessen, den linksrheinischen Gebieten Elsass und Lothringen sowie aus Westfalen. Zumindest die Sprache ist an vielen Orten geblieben, verborgenes Wissen, das immer mehr ans Tageslicht tritt.

Ungarische Landmarken

An der ungarischen Donau lassen sich zwei wesentliche Fixpunkte markieren: Donauknie und die Hauptstadt Budapest. Historisch gesehen, müsste man das heute slowakische Bratislava und Mohács ebenfalls hinzuzählen. Mohács im Süden aber ist ein historischer Ort, dessen unrühmliche Bedeutung weit in der Vergangenheit liegt. Kein Ort, aus dem die Geschichte lernen kann. Ein schauriger Ort, ruft man sich die Gegebenheiten der Schlacht anno 1526 durch Zeitzeugnisse in Erinnerung. In jenem Jahr unterlag die ungarische Adelsarmee hier den Türken unter Sultan Suleiman II., Ungarn wurde in drei Teile zersplittert. Auch in Ungarn stellte die Donau nicht nur einen Handels-, sondern auch einen Kriegsweg dar.

Das Donauknie gehört zu den landschaftlich schönsten Gebieten in Ungarn und am gesamten Flusslauf. Hier verlässt die Donau ihre bisher vorherrschende West-Ost-Richtung, die sie am ungarischen Györ und slowakischen Komárno

Eines der bekanntesten Wahrzeichen Budapests ist zweifellos die wuchtige
Kettenbrücke vor dem Burgberg mit seinem riesigen Burgpalast.

Der Heldenplatz (Hősök tere) bildet den Abschluss der 2,5 km langen Prachtstraße Andrássy út, die an den ersten ungarischen Ministerpräsidenten Gyula Graf Andrássy erinnert.

Schon eine Fluss-biegung weiter trifft man auf den nächsten „Königsort".

vorbeiführte. Sie wendet sich nun in einem abrupten Knick nach Süden, in die Tiefebene vor Budapest, gerade so, als wollte sie der Stadt einen roten Teppich ausrollen.

Dabei lag der rote Teppich historisch zuerst auf der anderen Seite, quasi an der Einfahrt zum Donauknie. Esztergom war Ungarns erste Hauptstadt. Hier vollzog sich unter Großfürst Géza und seinem Sohn Stephan dem Heiligen um die Jahrtausendwende der Wandel hin zum Christentum. Aus der Burg Esztergom wurde ein Palast. Erst die Zerstörung durch mongolische Reiterhorden in der Mitte des 13. Jahrhunderts bewirkte den Umzug nach Buda. Der

Klerus allerdings blieb – Esztergom wurde Sitz des Erzbischofs. Die heutige Basilika, die im 19. Jahrhundert eingeweiht wurde, thront ein wenig klobig und pompös über dem Fluss, östlich des Gerecse-Gebirges.

Schon eine Flussbiegung weiter trifft man auf den nächsten „Königsort": Zwei ungarische Könige hielten in Visegrád Hof. Berühmt geworden ist der Ort aber als Sommersitz der ungarischen Könige und durch die prachtvolle Ausgestaltung unter Matthias Corvinus im 15. Jahrhundert. Doch nicht nur das – Visegrád weist auch in das Europa unserer Tage. 1335 wurde hier eine regionale Handelskooperation der Königshäuser

Paprikaernte bei Kalocsa

Passagierschiffe auf dem „Boulevard" Donau

Schwimmen inmitten des schönsten Jugendstils: Das ursprünglich von den Türken errichtete
Gellért-Heilbad in Budapest wurde zwischen 1912 und 1918 in dieser Stilrichtung umgebaut.

Gern gekauft: „typisch ungarische" Souvenirs

Polen, Böhmen und Ungarn vereinbart. Diese Verständigung aus mittelalterlicher Zeit diente auch als Leitbild für die „Visegráder Gruppe", die sich 1991 als ostmitteleuropäisches Pendant zu den Beneluxstaaten gründete, mit dem Ziel des Beitritts zur EU. Polen, Ungarn und ab 2004 Tschechien und die Slowakei verfolgten als „V 4" dieses Ziel bis zum Beitritt im Jahr 2005.

Erst nach Visegrád, wenn die Berge die Richtung gen Osten versperren, beginnt das eigentliche Donauknie. Zwei Arme umschlingen die weitläufige Insel Szentendre, führen vorbei an dem kleinen, malerischen Touristendorf.

Die ungekrönte Königin

Die Einfahrt nach Budapest auf dem Schiff gleicht einem Triumphzug. Zahlreiche historische Gebäude und Sehenswürdigkeiten zollen dem Fluss Respekt, indem sie ihr schönstes Antlitz dem Ufer zuwenden. Bis hinein ins 19. Jahrhundert waren Buda und Pest zwei getrennte Städte und unabhängig voneinander. Zwar profitierten beide von dem Fluss, die eine (Buda) als Herrschafts-, die andere als Handelszentrum. Zueinander fanden sie, samt Óbuda, jedoch erst im Laufe der Zeit. Heute ist Buda-Pest ein untrennbares Geflecht, eine Metropole.

Die Brücken von Budapest

Budapest ist eine Brückenstadt. Selbst Wien kann bei der Anzahl der Flussübergänge nicht mithalten. Dabei hat es sehr lange gedauert, bis man sich entschloss, zwischen Buda (Ofen) und Pest feste Verbindungen zu schaffen. Stephan Graf Széchenyi, der „größte Ungar", war die treibende Kraft zum Bau der Budapester Kettenbrücke. Eine Geschichte besagt, dass er wegen des Eisgangs im Dezember 1820 gehindert worden sei, der Beerdigung seines Vaters auf der anderen Seite der Donau beizuwohnen. Dieses Erlebnis schien ausschlaggebend für den unbedingten Willen zur Umsetzung der Brücke gewesen zu sein, die von William Tierney Clark geplant, von Adam Clark gebaut und 1849 feierlich eröffnet wurde.

Verkehrsreicher Boulevard

Drei bis vier Kreuzfahrtschiffe ankern an den Liegeplätzen nebeneinander, jeden Tag ziehen ganze Schleppverbände an Besichtigungsbooten die Donau hinauf und hinunter. Mittlerweile braucht man gute Beziehungen zur Hafenmeisterei, um einen attraktiven Standort in der Nähe der großen Brücken ansteuern zu dürfen. Keine Frage: Die Donau ist einer der meistbefahrenen Boulevards der ungarischen Hauptstadt, dazu der größte und schönste. Auch hier gilt, wie auf den meisten Promenaden, die Maxime: „Sehen und gesehen werden" – oder zumindest den Eindruck zu haben. Denn als Fußgänger hat man an den Ufern rein gar nichts verloren. In Budapest blickt man auf die Donau am besten

In Budapest blickt man auf die Donau am besten von oben.

von oben, vom Burgberg, oder von der Margareteninsel, die, ähnlich der Wiener Donauinsel, grüne Erholungs- und Freizeitlunge der Stadt ist.

Budapest prägt die Wahrnehmung, man zehrt von den Bildern der Stadt, wenn man sich aufmacht, stromabwärts, dorthin, wo der Flusslauf noch weitgehend unbekannt scheint. Was nicht für den ungarischen Abschnitt gilt, für die Puszta, die alljährlich ihre Märchen im Tiefrot der Paprikafelder erzählt.

DONAUFISCH

Ein Geheimnis wird gelüftet

Echter Donaufisch wird immer seltener – zumindest die vielen verschiedenen Arten, die den Fluss einst bevölkerten. Kein Hindernis jedoch für so manch raffiniertes Schmankerl.

Dieser Fang kann sich durchaus sehen lassen – Anglerglück im Donaudelta

Der Lohn der Mühe: der Fang des Tages wird noch am selben Abend gegrillt – eine echte Delikatesse!

Im Fischessen sind die Bewohner von Baja einsame Spitze. Es heißt, dass nirgends auf der Welt so viel Fisch gegessen wird wie in dem beschaulichen Städtchen im südlichen Ungarn, wo man sich die Fischsuppe auf die Fahnen geschrieben hat – oder besser: das Kochen derselben. Alljährlich im Juli findet hier an zwei Wochenenden ein Wettbewerb im Fischsuppenkochen statt, der sich großer Beliebtheit erfreut. In sage und schreibe 2000 Kesseln köchelt man Fischterrinen verschiedenster Art für rund 20 000 Besucher.

Wanderfische sterben aus

Derartige „Fischfeste" sind rar an den Ufern der Donau, was jedoch nicht an mangelndem Fischvorkommen liegt. Teilweise tummeln sich noch über dreißig Arten in den verschiedenen Gewässerabschnitten. Der Artenreichtum ist durch das abwechslungsreiche Flussbild zu erklären: In Abschnitten mit starker Strömung – wie beispielsweise in den Durchbruchstälern – finden sich Bachforelle, Äsche oder Elritze in direkter Nachbarschaft zu Stillwasserarten wie Rotfedern oder Schleien, die wenige Kilometer weiter in den aufgestauten Tieflandflussbereichen ihr bevorzugtes Lebensumfeld antreffen.

Der Großteil des Flussbetts ist mittlerweile allerdings von Menschenhand gestaltet. Die ursprünglichen, natürlichen Lebensräume sind nur noch an wenigen Stellen vorhanden. So sind die Spezialitätenfische im Laufe der Zeit auf der Strecke geblieben. Bis ins 20. Jahrhundert gab es in der Donau vielerorts noch die großen Wanderfische wie den Hausen, Waxdick oder den Sternhausen. Zum Laichen legten sie die immense Strecke vom Schwarzen Meer bis in die bayerische Donau zurück – über 2000 Kilometer!

Spätestens mit dem Bau des Kraftwerks Đerdap am Durchbruch des Eisernen Tores sind diese Fischarten aus der Donau so gut wie verschwunden. Von den Störarten ist nur der Sterlet geblieben. Um die Wende zum 20. Jahrhundert zählte man noch rund achtzig verschiedene Fischarten. Inzwischen sind jedoch mehr als ein Drittel ausgestorben und gut drei Viertel von ihnen derart selten, dass mit einem Aussterben in Bälde zu rechnen ist. Vielleicht erklärt das auch den relativ begrenzten Variantenreichtum auf den Tellern der Restaurants. Oft findet man auf den Speisekarten eher importierte Atlantikschwimmer als einheimische Fische – das ist an der Donau nicht anders als an anderen europäischen Flüssen.

Paradiesisches Delta

Donaufisch ist in seiner Zubereitung eine eher rustikale und alltägliche Angelegenheit. Dabei sind die durchweg hohe Qualität und der große Einfallsreichtum in den Küchen der verschiedenen Länder zu beachten. Das Delta ist zeitweise ein Paradies für

Oft findet man auf den Speisekarten eher importierte Atlantikschwimmer.

Der russische Stör gehört
zu den gefährdeten Stör-
Arten

Kolmenhofs Donauforellen-Cremesuppe

. . . .

Zutaten für ca. 1 l Suppe: 1 fangfrische Regenbogenforelle;
¾ l Wasser, 5 cl Markgräfler Gutedel; Karotte, ¼ Knollensellerie,
Lauch, Champignonabschnitte, gewürfelte Zwiebel; Salz,
Gewürzsäckchen mit gestoßenen Pfefferkörnern, Lorbeerblatt,
Gewürznelke, Petersilienstielen und Dill;
30 g Butter, 30 g Mehl, 1 Eigelb, 0,3 l Sahne;
Wurzelgemüse für die Einlage

Vorbereitung: Forelle ausnehmen und vorsichtig filetieren, die
beiden Filets kühl stellen. Die Fischgräten zerkleinern und wäs-
sern, mit den übrigen Fischteilen in kaltem Wasser ansetzen und
den beim Erhitzen entstehenden Schaum abschöpfen. Weiß-
wein, Champignonabschnitte, Gemüsewürfel, Salz und Gewürzsäckchen zugeben. 30 Minuten am Siedepunkt ziehen lassen.
Vorsichtig durch ein Tuch oder ein feines Sieb passieren, den
erhaltenen Fischfond abkühlen lassen. Wurzelgemüse in feine
Streifen schneiden und in kochendem Salzwasser kurz blan-
chieren. Mit kaltem Wasser abschrecken und zur Seite stellen.

Zubereitung: Butter in einem kleinen Topf erhitzen, Mehl
zugeben und anschwitzen. Kalten Fischfond unter Rühren
dazugeben, sodass keine Klümpchen entstehen. Langsam
zum Siedepunkt bringen, immer wieder umrühren. Die
Sahne zugeben, mit Salz und Pfeffer abschmecken, nach Geschmack mit Gutedel weiter verfeinern. Gemüsestifte zugeben. Fischfilets in kleine Stücke schneiden und zugeben. Mit
einem Eigelb wird die Suppe nun legiert. Sie darf nicht mehr
aufkochen, da das Eigelb sonst gerinnt. – Guten Appetit!

Angler. Was für den einen Teil der
Bevölkerung jedoch hart erarbeitetes
Brot ist, verwandelt sich vor allem im
September zu einem riesigen Frei-
zeitvergnügen. An allen Ufern und
Mündungen des Flusses lauern dann
Angler in Camouflagemontur auf ih-
ren großen Fang, den sie schließlich
abends am Lagerfeuer oder auf dem
Grill zubereiten.

Masse ist also durchaus vorhanden, aber Artenreichtum ist eher
selten. Eine Spezialität wie beispielsweise der Donauwaller unterliegt fast
schon der Mythenbildung, denn bis
auf wenige Ausnahmen ist er nur
noch über Fischzuchtbetriebe zu be-
ziehen.

Was aber ist das Geheimnis der
besten Fischsuppe? Wir haben
Franz Dold, den Seniorchef des
Höhengasthauses Kolmenhof am
Donauursprung, gefragt. Er antwor-
tete verschmitzt, dass es nicht viele
schriftlich fixierte Rezepte für Donau-
fischsuppen gebe. Für uns aber hat er
(s)ein Geheimnis gelüftet ...

Für diejenigen, die von der Donaufischerei leben müssen, ist der Fischfang vor allem eines: harte Arbeit.

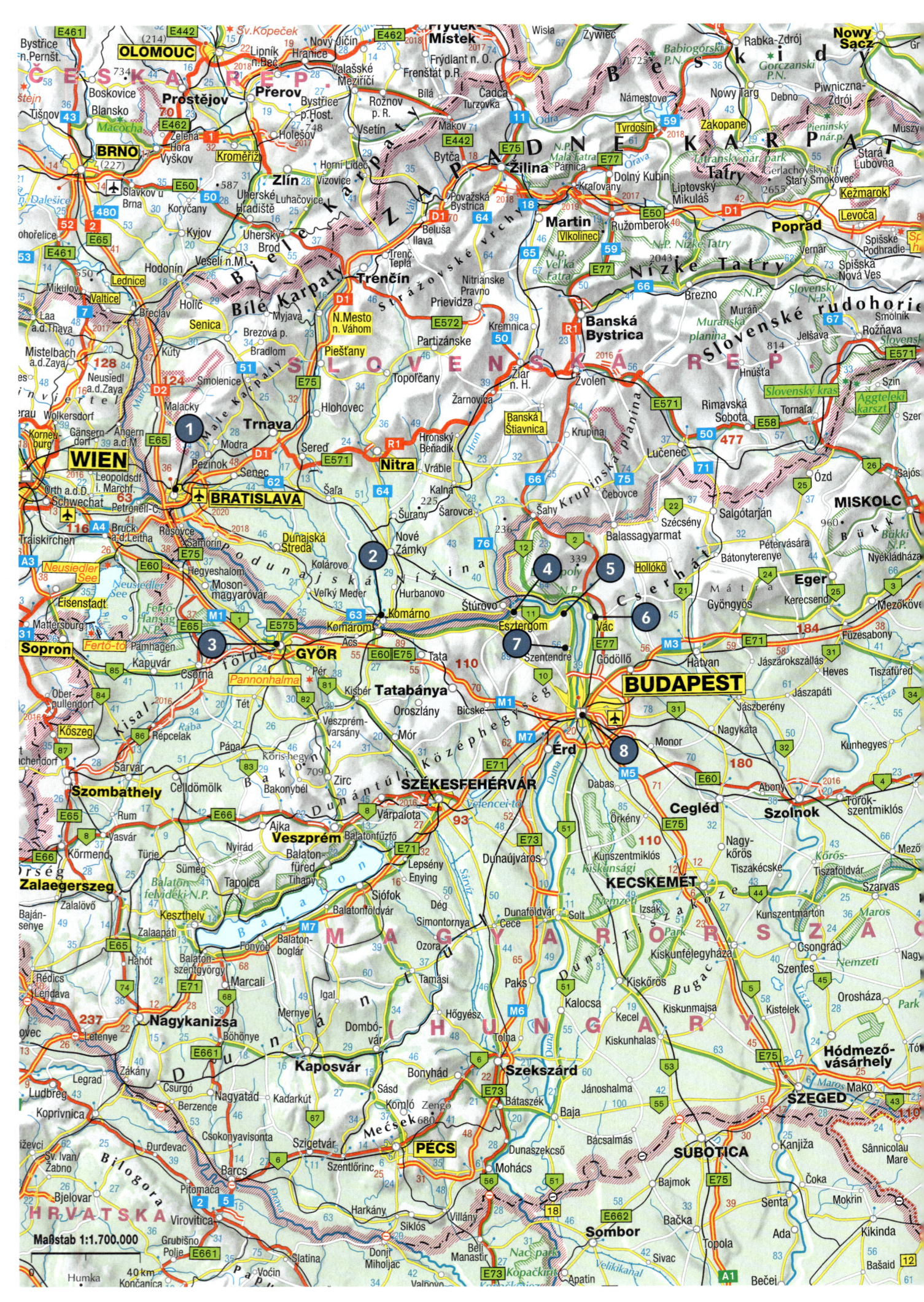

Die Prachtstraße Donau

Krone und Kirche sind bedeutende Faktoren in diesem Donauabschnitt. Burgfestspiele und Krönungsrituale lassen die Historie lebendig werden, eingebettet in malerische Landschaften. Alte Wassermühlen, Thermalbäder und nette kleine Orte erwarten den Reiselustigen, der sich auch mal etwas von der Donau entfernt.

❶ Bratislava

Ungarische Krönungsstadt über Jahrhunderte, ist **Bratislava** TOPZIEL seit 1993 Hauptstadt der jungen Republik Slowakei. Das wechselvolle Schicksal hat der Stadt offenbar nur gut getan.

SEHENSWERT

1541–1830 wurden in Bratislava (Pressburg) die ungarischen Könige gekrönt – 1740 wurde Maria Theresia hier diese Ehre zuteil. Der **Dom**

Tipp

Kolárovos Wassermühle

....

Auf den ersten Blick nicht als Insel erkennbar, lassen sich erst mit dem Finger auf der Landkarte die Dimensionen der Schüttinsel ausloten. Kurz hinter Bratislava verabschiedet sich ein Seitenarm nach Nordosten vom Hauptstrom, die „kleine Donau". Kulturelles und wirtschaftliches Zentrum der so abgegrenzten Insel ist die Kreisstadt Dunajská Streda, besonders sehenswert die Wassermühle in Kolárovo. Auf ungarischer Seite trennt die „Kis Duna", ein Bächlein, die „kleine Schütt" von der Donau ab.

WEITERE INFORMATIONEN

http://old.kolarovo.sk
(auch auf Deutsch)

St. Martin (im 14. Jh. begonnen) war Krönungskirche. Die Altstadt birgt viele historische Palais. Eines der prächtigsten ist der **Grassalkovič-Palast,** heute Sitz des Präsidenten, allerdings etwas außerhalb der inneren Altstadt. Vom Dom geht es über die **Panká ulica** vorbei am **Pállfy-, Ballassy-** und am **Esterházy-Palais.** Das **Alte Rathaus** präsentiert sich fast unverändert; heute ist hier das **Stadtmuseum** (Di.–Fr. 10.00–17.00, Sa./So. 11.00–18.00 Uhr), der Rat der Stadt residiert im klassizistischen **Primatialpalais** um die Ecke. Das **Michaelertor** nördlich ist von ehemals drei Stadttoren aus dem 15. Jh. als einziges erhalten; von der Aussichtsplattform (tgl. 10.00–17.00 Uhr) schöner Blick über die **Altstadt.**
Über allem thront die **Burg** (Hrad), die wegen ihrer quadratischen Form und der vier spitzen Ecktürme gern auch als „umgedrehter Tisch" bezeichnet wird. Sie geht auf das 10. Jh. zurück und wurde mehrfach umgebaut.
Von der **Neuen Brücke** (Nový Most) hat man den besten Blick auf Stadt und Umland. Die Schrägseilbrücke, 1967–72 erbaut, symbolisiert mit dem futuristisch anmutenden Aufbau ein Schiff. Zutreffend der heutige Name des Restaurants: „Ufo". Von hier hat man einen beeindruckenden Blick auf das rechte Donauufer; ebenso imposant, aber weit weniger attraktiv ist der Blick auf die massive Plattenbaustruktur des linken Donauufers.

VERANSTALTUNG

Krönungsritual der Könige: jedes Jahr (Sept.) in der Altstadt und auf der Burg zelebriert.

SCHIFFFAHRT

April–Okt. tgl. Schiffverbindung **Schnellkatamaran** nach Wien und zurück (www.ddsg-blue-danube.at, www.twincityliner.com).

UMGEBUNG

Ca. 15 km vom Zentrum entfernt das 2000 eröffnete **Museum Danubiana,** ein architektonisch eindrucksvoller Bau, scheinbar auf den Fluss gebaut. Drei große Ausstellungssäle präsentieren moderne internationale Kunst, ein Fokus liegt auf slowakischer Kunst (Danubiana Meulensteen Art Museum, Bratislava-Čunovo-Wasserwerk, Tel. +421 2 62 52 85 01, www.danubiana.sk; Sommer Di.–So. 11.00–19.00 Uhr, sonst kürzer). In **Devín** (Theben) im Dreiländereck Zusammenfluss von March und Donau.

Auch wenn Györ nicht an der Donau liegt, einen Besuch ist die Stadt allemal wert.

Siedlungsspuren der Kelten sind nachweisbar. Die Burg war römischer Stützpunkt, später Grenzfestung. Bis heute hat sich eine Ruine erhalten. Nationaldenkmal der Slowakei (April bis Nov. Di.–So. ab 10.00 Uhr).

INFORMATION

Zentrale Touristenstelle, Klobuçnicka ul. 2, 81515 Bratislava, Tel. +421 2 16 186, www. bkis.sk, www.visitbratislava.com/de (auf Deutsch)

❷ Komárno

Die Donau teilt die Stadt gewissermaßen, wobei der auf slowakischer Seite gelegene Teil attraktiver ist als das ungarische Komárom. Bis 1920 gehörten beide Teile zu Ungarn. 1870 wurde hier Franz Lehár geboren.

SEHENSWERT

Schmuckes Provinzstädtchen mit einer sehr aufgeräumten **Altstadt,** dem **Rathaus** (18. Jh.) und zahlreichen pittoresken Kirchen wie der das Stadtbild dominierenden **Sv. Ondreja,** der **klassizistischen evangelischen Kirche** (1896) und der orthodoxen **Barockkirche.** Im Zentrum findet sich eine malerische städtebauliche Besonderheit: der **Europaplatz.** Hier versammeln sich in einer willkürlichen Zusam-

menstellung 45 Bauten aus verschiedensten Regionen und Ländern Europas. Da am strategisch wichtigen Zusammenfluss von Donau und Waag gelegen, gibt es am Donauufer eine **Festungsanlage,** deren Teile steinerne Zeugen der vielen Auseinandersetzungen am ungarischen Donauufer sind. In dem Bollwerk ist auch ein städtisches Lapidarium anzuschauen.

UMGEBUNG
Ca. 25 km südlich liegt in Ungarn **Tata,** die Stadt der Seen. Der beschauliche Ort am Öreg-tó (Alten See) bietet eine Burg (14. Jh.), einen romantischen alten Uhrturm (18. Jh.) im Zentrum sowie die Cifra-Mühle (16. Jh.; Informationen: Ady Endre út 9, Komárom, Tel. +36 34 58 60 46, komarom@tourinform.hu).

INFORMATION
Informationsbüro Nám. gen. Klapku, Komárno, Tel. +4 21 9 48 83 02 02, www.komarno.sk

❸ Györ

Zugegeben, Györ liegt nicht direkt an der Donau. Doch aufgrund seiner Schönheit und Bedeutung ist es allemal einen Abstecher wert.

SEHENSWERT
Der **Bécsi kaput tér,** der Platz an der Brücke über die Raab, gehört mit der **Karmeliterkirche** (18. Jh.) und den barocken **Bürgerhäusern** zu den Perlen der Stadt. Von hier aus flaniert man durch die schöne Gasse **Király utca** und passiert das **János-Xantus-Museum,** ein bezauberndes Palais mit Rokokoerker, benannt nach einem ungar. Naturforscher (19. Jh.). Der **Liebfrauendom,** urspr. romanisch, birgt ein imposantes barockes Interieur.

INFORMATION
Tourinform, Baross Gábor út 21–23, 9021 Györ, Tel. +36 96 31 17 71, www.gyor.hu

❹ Esztergom

In Esztergom, einer der ältesten Städte Ungarns, begann die Christianisierung des Landes – es ist bis heute Erzbischofssitz. Stephan I. wurde 973 hier geboren und regierte als erster und letzter ungarischer König von hier aus. Nach dem Umzug des Königshofs nach Buda (13. Jh.) wurden Basilika und Palast dem Klerus überlassen, der zuvor am Donauufer residierte.

SEHENSWERT
Die **Basilika** (1869 vollendet; April–Okt. tgl. 8.00–18.00, sonst bis 16.00 Uhr), die erhaben, aber etwas klobig über der Donau thront, ist die größte Kirche des Landes. Die Schatzkammer birgt eine Sammlung sakraler Kunst, die Krypta noch einige alte Grabplatten ungarischer Erzbischöfe. Im angrenzenden **Königspalast** gehört die Burgkapelle zu den Höhepunkten. Der ehemalige **Marktplatz** (Széchenyi tér) im Zentrum lädt mit seinen pittoresken Fassaden (18./19. Jh.) zum Verweilen ein.

Im Schifffahrtsmuseum Zebegény (links). Die Kettenbrücke verbindet Buda und Pest (rechts).

UMGEBUNG
Architekturfans besuchen die Kath. Universität in **Piliscsaba** (ca. 20 km südl.). Die Rundbauten hat Imre Makovecz geplant. In **Zebegény** (ca. 14 km östl.) das Schifffahrtsmuseum (Szonyi István út 9; April–Okt. tgl. 9.00–18.00 Uhr).

INFORMATION
Gran Tours, Széchenyi tér 25, 2500 Esztergom, Tel. +36 33 50 20 01, www.esztergom.hu, www.bazilika-esztergom.hu

❺ Visegrád

Nicht nur wegen seiner malerischen Lage am Donauknie ist Visegrád ein beliebter Ort in Ungarn. Visegrád war quasi der Zweitwohnsitz der ungarischen Herrscher. 1323 wurde es unter Karl I. zur Residenz der ungarischen Könige.

SEHENSWERT
Ihre Blütezeit erlebte die **Burg** unter der Herrschaft von Matthias Corvinus (1458–90) und seiner Gemahlin Beatrix von Aragón. Sie ließen die Burg erneuern, umbauen und von italienischen Künstlern um einen prunkvollen Renaissancepalast erweitern. In den Ruinen des **Königspalastes** Nachbauten wie der Herkules- oder der Löwenbrunnen sowie der Arkadengang des Ehrenhofs mit spätgotischem Netzgewölbe. Der **Salomonturm** (13. Jh.) der Unterburg beherbergt heute ein Museum mit Relikten aus dem Königspalast (www.visegrad museum.hu; Mai–Okt. Di.–So. 9.00–17.00, sonst 10.00–16.00 Uhr). Im Schatzkammerturm der **Zitadelle** (13 Jh.), die hoch über dem Zentrum thront, bewahrte man die Krönungsinsignien. Einst wachte sie über den Handelsweg Donau.

VERANSTALTUNG
Burgfestspiele mit Umzug zur Geschichte Visegráds (2. Wochenende im Juli).

INFORMATION
Visegrád INFO, Duna-parti út. 1, 2025 Visegrád, Tel. +36 26 39 71 88, www.visitvisegrad.hu, www.visegrad.hu

❻ Vác

Das Barockstädtchen am linken Donauufer war im 11. Jh. Bistum. Von den Osmanen zerstört, sorgte der Papst selbst für den Wiederaufbau.

SEHENSWERT
Unübersehbares Zeichen der Bedeutung von Vác ist die klassizistische **Kathedrale** (im Volksmund auch „Dom" genannt), die am Konstantinplatz steht. Gegenüber das **Bischofspalais** in parkähnlicher Umgebung. Die nördlich gelegene ehem. **Piaristenkirche St. Anna** (18. Jh.) hat schlanke Türme. Der **Platz des 15. März** (Március 15. tér) ist von barocken Häusern umstanden. Heimliches Wahrzeichen ist aber der zu Ehren Kaiserin Maria Theresias 1764 errichtete **Triumphbogen.**

INFORMATION
Tourist-Information, Március 15. tér 17, 2600 Vác, Tel. +36 27 31 61 60, www.tourinformvac.hu (auch auf Deutsch)

❼ Szentendre

Die Kleinstadt ist malerisch, zum einen wegen ihrer hübschen Altstadt mit den schmalen Gassen, zum anderen wegen der zahlreichen Galerien und Ateliers.

SEHENSWERT
Zentrum ist der Platz **Fö tér,** der von barocken Kaufmannshäusern gesäumt ist. In der Mitte prangt das **Kaufmannskreuz,** von serbischen Kaufleuten gestiftet. Die Stadt ist stark durch serbische Einwanderer geprägt, was sich vor allem in den Kirchenbauten äußert, etwa bei der Kirche **Blagoveščenska** (18. Jh.). Im ehem. Salzhaus an der Görög utca das **Museum** von Margit Kovács, einer international bekannten Bildhauerin und Töpferkünstlerin. Die schöne Gasse führt vom Zentrum mit seinen pastellfarbenen Häusern zur Donau. Szentendre (ca. 25 000 Einw.) ist pulsierendes Naherholungszentrum und fest in touristischer Hand.

UMGEBUNG
Das **Folk Art Museum Skanzen** (Sztaravodai út., Pf.: 63, Tel. +36 26 50 25 00, www.skanzen.hu; April–Okt. Di.–So. 9.00–17.00, Nov. bis März Sa., So. 10.00–15.00 Uhr) bietet einen guten Überblick über die vielfältige Volkskunst. Es gibt eine stündliche Busverbindung von der Innenstadt zum Museum.

INFORMATION
Tourinform Szentendre, Dumtsa Jenö u. 22, 2000 Szentendre, Tel. +36 26 31 79 65, www.szentendreprogram.hu

8 Budapest

Die ungarische Hauptstadt **Budapest TOP-ZIEL** ist zugleich die „Hauptstadt der Donau". Sie vermittelt mit ihren herrschaftlichen Bauten, den imposanten Brücken, Cafés und Museen ein einzigartiges Flair.

SEHENSWERT
Auf der linken Donauseite (Pest) beginnt man den Rundgang im Treiben an den Auslagen der **Großen Markthalle** an der **Freiheitsbrücke,** und schlendert über die Fußgängerzone zum **Café Gerbeaud,** einem der besten Kaffeehäuser der Stadt. Von dort über den Erzsébet tér zur **Andrassy út,** der Prachtstraße Budapests, und an der **Stephansbasilika** (1905), der **Staatsoper** im Stil der Neorenaissance sowie dem **Oktogon** vorbei auf den **Heldenplatz** mit dem Millenniumsdenkmal. Am Donauufer wiederum das monumentale **Parlament** (19. Jh.; Führungen auch auf Deutsch). Die Donau überspannen zahlreiche Brücken. Die **Kettenbrücke** führt auf die andere Uferseite, zum **Burgberg** mit dem **Burgpalast.** Der urspr. Bau wurde bei der Belagerung durch die Türken fast völlig zerstört und im 18. Jh. wieder aufgebaut, 1945 jedoch erneut fast völlig zerstört. Verliebte genießen hier, von den Rundbögen der **Fischerbastei** aus (1895–1902; tgl. 9.00–22.30 Uhr, März–Okt. gg. Gebühr, sonst kostenlos), den Sonnenuntergang. Daneben die prächtig ornamentierte **Matthiaskirche** (Umbau im 19. Jh.; Mo.–Sa. 9.00–17.00, So. ab 13.00 Uhr). Beschaulicher die barocke Altstadt im **Burgviertel** mit schönen Gassen, Häusern, Museen und Cafés. Die **Úri utca** (Herrengasse), die in Nord-Süd-Richtung verläuft, säumen Häuser mit reizvollen Innenhöfen.

MUSEEN
Am Heldenplatz das **Museum der Bildenden Künste** mit der Sammlung Alter Meister (Di.–So. 10.00–17.30 Uhr, wegen Renovierung bis 2018 geschl.). Im Burgpalast die **Ungarische Nationalgalerie** (Di.–So. 10.00–18.00, letzter Einlass 17.00 Uhr).

AKTIVITÄTEN
Eine schöne, günstige Art der **Stadtrundfahrt** ist eine Fahrt mit der Straßenbahnlinie 2.

UMGEBUNG
Ca. 30 km vom Zentrum entfernt das barocke **Königliche Schloss** (király kastély) **Gödöllő,** erbaut von Antion Grassalkovič. Über 30 Jahre lang (man spricht von 2000 Übernachtungen) der bevorzugte Sommersitz der K.-u.-k.-Kaiserin Sisi (Infos: Királyi Kastély, Tel. +36 628 41 92 31, www.gkrte.hu). Nach Süden windet sich die Donau durch die **Ungarische Tiefebene.** Vorbei an Dunaföldvár und Paks geht es Richtung **Kalocsa,** der „Paprikastadt", ca. 120 km südlich von Budapest.

INFORMATION
BudapestInfo, Sütő utca 2, 1052 Budapest, Tel. +36 1 4 38 80 80, www.budapest info.hu, www.budapest.com

Genießen   Erleben   Erfahren

DuMont
Aktiv

Zu Land und zu Wasser

Budapest ist die heimliche Hauptstadt der Donau. Ein ganz besonderes Erlebnis ist es, die Stadt sowohl aus der Land-, als auch aus der Wasserperspektive kennenzulernen. Für Mutige ist das jetzt auch in einem einzigen Fahrzeug, einem Amphibienbus, möglich!

Die Fahrt beginnt klassisch, an Land. Das Parlament, die Basilika, entlang der Andrássy út vorbei an Oper und Heldenplatz – die Highlights des Stadtteils Pest ziehen an einem vorüber. So weit, so gut, so alltäglich für viele Touristen der ungarischen Hauptstadt. Doch dann kommt der Kick, das Besondere an dieser Stadtrundfahrt: Der Bus geht baden. Gegenüber der Margareteninsel taucht er über eine siebzig Meter lange Rampe in die Fluten der Donau ein, nicht unter. Denn die Konstruktion ist ein Amphibienfahrzeug.

Derartige Konstruktionen sind vor allem als Militärfahrzeuge bekannt, werden seit einigen Jahren aber auch als Touristenattraktion genutzt. Ähnliche Vehikel sind auch in London im Einsatz. Doch anders als in Großbritannien wird der Fahrer in Budapest nicht ausgewechselt. Er ist Busfahrer und Kapitän zugleich, besitzt den Bus- und den Bootsführerschein.

Wem die Sache zu heikel ist und wer den sehr hohen Sicherheits- und Umweltstandards nicht traut, der kann sich natürlich auch auf eines der zahlreichen Ausflugsboote begeben, die sich ausschließlich auf dem Wasser bewegen. Denn eines sollte man in Budapest nicht verpassen: die Perspektive vom Fluss aus.

Weitere Informationen

Der **Amphibienbus** fährt April bis Okt. 4-mal und Nov.–März 3-mal am Tag vom Roosevelt tér ab: www.riverride.hu

Informationen auch beim **Ungarischen Tourismusamt:** Wilhelmstr. 61, 10117 Berlin, Tel. +49 30 2 43 14 60, http://de.gotohungary.com

Stadtrundfahrten auf der Donau bietet beispielsweise Legenda Ltd.: Dock 7 Jane Haining rakpart, Budapest, Tel. +36 1 3 17 22 03, www.legenda.hu

Diese Stadttour ist wirklich ein unvergessliches Erlebnis: die Busse von Riverride sind Amphibienfahrzeuge, und so findet ein Teil der interessanten Fahrt auf der Donau statt.

Der Wandel ist spürbar

Noch sind die Wunden des Krieges nicht verheilt und an manchen Orten sichtbar. Doch in den Grenzregionen finden die Länder langsam zueinander. Was sich auch positiv auf die Infrastruktur auswirkt und Besuche in den auflebenden Städten Novi Sad und Belgrad wie auch bei den mächtigen alten Bollwerken, die sich die Donauufer entlangziehen, zu einem Erlebnis werden lässt.

Das Durchbruchstal Eisernes Tor, an der Grenze von Serbien zu Rumänien, galt einst als der für die Schifffahrt gefährlichste Donauabschnitt.

Im Zentrum von Novi Sad erhebt sich auf dem „Platz der Freiheit" (Trg slobode) die im 19. Jahrhundert in neogotischen Spitzformen entstandene Kirche „Marias Namen zu Ehren" (Imena Marijinog).

Luft anhalten! Mit umgeklappter Reling passt das Schiff gerade mal so unter der Brücke durch. Oben das „Nachtleben" in Novi Sad. Der Uhrturm (links) gehört zur Festung Petrovaradin.

Der ukrainische Kapitän erzählt seine Geschichte ohne Pathos oder Stolz.

Als Prämie haben sie zehn Dollar erhalten, wenn sie die Ladung unbeschadet durch Jugoslawien brachten, 1991 auf der Donau zwischen Kroatien und Serbien. Zehn Dollar pro Mann und pro Durchfahrt. Das Embargo spielte keine Rolle. Es ging um Job und Leben. Der ukrainische Kapitän erzählt die Geschichte, die auch seine ist, ohne Pathos oder Stolz. Er ist seit Jahren unterwegs auf diesem Fluss, er hat überlebt. Die Angriffe galten selten den Schiffen, sagt er. Heute rangiert er keine Schubverbände mehr durch das Grenzgebiet, sondern ist auf den modernsten Flussschiffen unterwegs. Doch ruhig ist sein Job noch immer nicht. Anders als

Anfang der 1990er-Jahre ist es der Fluss selbst, der die Fahrt erschwert. Vor allem das serbische Novi Sad mit seinen Brücken ist ein Nadelöhr. Die modernen Passagierschiffe sind teilweise so hoch, dass sie im Frühjahr Brücken nur mit einem Spielraum von wenigen Zentimetern unterqueren können. Was noch immer komfortabler ist als die Notlösung, die bis vor wenigen Jahren durch das NATO-Bombardement erzwungen wurde: Die Durchfahrt an der provisorisch errichteten Ponton-Brücke war nur nachts und oft nur sehr willkürlich möglich.

Wie kaum eine andere Stadt an den Donauufern erlebte Belgrad Eroberungen und Besetzungen. Auf den ersten

Gesichter, gestaltet durch ein anstrengendes Leben: in der Fruška Gora

Fischerboote am Ufer der Donau: „Nein, heute fahren wir
nicht mehr hinaus auf den Fluss …"

Restaurantschiff vor der Belgrader Silhouette

Zeuge des Krieges: Der Wasserturm in Vukovar, der als
Mahnmal halb zerstört stehen bleiben wird.

Blick möchte man meinen, dass sich die Stadt von der Donau abwendet. Der Kalemegdan aber, die Festungsanlage, konzentriert sich weiterhin auf den Fluss, trotzig, wie der Bug eines Schiffes. Doch die Zeiten ändern sich. Die wenigen Hinweisschilder auf eventuell verminte Rasenstücke stehen wie stille Mahnmale aus dem letzten Krieg zwischen den Festungsmauern. Die Belgrader lassen sich dadurch ihr Picknick an einem sonnigen Wochenende nicht verleiden. Hier schlendern Liebespaare auf Festungsmauern, Kinder turnen auf Panzern aus dem Ersten Weltkrieg herum, im Belgrader Zoo schreien die Affen, und im Festungsgraben hat man ein paar Tennisplätze installiert.

Letztmalig war die Anlage im Jahr 1739 von österreichischen Truppen erweitert worden. Die Umgestaltung der Bastion in eine Parkanlage stammt aus dem 19. Jahrhundert. Damit verlor auch die Bezeichnung Kalemegdan ihre Bedeutung. Aus einer „Festung inmitten des Schlachtfeldes", wie man den türkischen Namen übersetzen könnte, wurde die Belgrader Parkanlage. Von Resignation ist in der insgesamt vierzig Mal zerstörten und wieder errichteten „weißen Stadt" Belgrad heute nichts mehr zu spüren. Ganz im Gegenteil: Belgrad ist eine Stadt in Aufbruchstimmung, pulsierend, multikulturell und modern.

Neu entdecken
Vor allem auf kroatischer Seite scheint das Entdeckungspotenzial noch reichlich hoch. „Wir sind doch nur ein kleines Land an der Donau, das zweitkleinste sogar." Viel Selbstbewusstsein strahlt die Aussage nicht aus. Für Kroatien spielt das Donauufer touristisch noch keine allzu große Rolle. „Ausbaufähig", heißt es da lakonisch. Erste Erfolge sind zu verbuchen, vor allem in Bezug auf die Radler. Manche Streckenabschnitte sind zwar noch immer abenteuerlich, verglichen mit den hochgerüsteten Wegen an der deutschen oder österreichischen Donau. Aber das Engagement ist da, die

Trutzige Befestigungsanlage in der Nähe des Eisernen Tors: Golubac. Die Festung, die vermutlich im 14. Jahrhundert erbaut wurde, ist durch die Aufstauung der Donau inzwischen teilweise im Wasser verschwunden – was sie nur noch geheimnisvoller macht.

Abendliche Ruhe am Ufer der Burgen: Wenn es richtig still ist,
beißen (nicht nur die Donau-)Fische am besten.

Special

Katarakten-
strecke

Der Balkan-fjord

Der Vergleich zu einem norwegischen Fjord liegt nahe. Steile Felsen, rund hundert Meter über dem Wasser, schroff abfallende Wände, ruhiges, tiefes Gewässer hat die Natur hier geschaffen.
An manchen Stellen der Kataraktenstrecke fällt es schwer, sich noch auf einem Fluss zu wähnen. Sie war die am schwierigsten schiffbare Distanz des gesamten Donauabschnitts. Diejenigen, die sie zum ersten Mal durchfuhren, wurden am Babakaj, jenem erratischen Felsen gegenüber der Feste Golubac, getauft. Die Strömung war unberechenbar, die Untiefen zahlreich. An dem „eigentlichen" Eisernen Tor, der Engstelle kurz vor der Trajanstafel, konnte man früher den Fluss bei Niedrigwasser fast trockenen Fußes überqueren.

Pionierarbeit ist geleistet, ein „Bike & Bed"-Prospekt aufgelegt. Man bemüht sich um die touristische Erschließung der Uferlandschaften. Dabei hat man in Kroatien genau wie auf serbischer Seite nie den Eindruck, dass die Kriegsschäden völlig beseitigt oder übertüncht werden sollen.

Der Fluss und die Zeit

Der Fluss scheint unendlich viel Zeit zu haben. Dank der Rückwirkung des Đerdap-Staudamms breitet sich die Donau vor dem Eingang des Eisernen Tores zu voller Macht und Größe aus. Bis zu zwei Kilometer entfernen sich hier die Ufer voneinander, und während die durchschnittliche Tiefe der Donau bei drei bis siebzehn Metern liegt, misst man hier bis zu neunzig Meter Wasser unter dem Kiel. Oft wünscht man sich auch an den Ufern solch erhabene Gemächlichkeit.

Zunehmend finden Kroatien und Serbien in den Grenzregionen zueinander. Neue Fährverbindungen werden eröffnet. Doch Wunden werden – und müssen – bestehen bleiben. So steht der zerschossene Wasserturm von Vukovar als Mahnmal weit sichtbar für eine ganze Region, die sich wieder zu versammeln beginnt an den Ufern des in diesem Abschnitt so mächtigen europäischen Stromes.

Ufer der Burgen

Der kroatische und vor allem der serbische Donauabschnitt gehören historisch wohl zu den meistumkämpften Passagen entlang des Ufers. Die Festungen in Novi Sad, Belgrad, Smederevo und Golubac sind beeindruckende Zeugen der Auseinandersetzung des Abendlandes mit dem Osmanischen Reich. Smederevo ist schlichtweg imposant. 24 Türme wachten früher über diese größte Festung, eine der zahlreichen „letzten Bastionen" vor dem expandierenden Reich des türkischen Heeres. Durch die sieben Tore, die die Burg einst hatte, konnten Donauschiffe an Land gezogen werden.

Golubac, der nächste Markstein imposanter mitteleuropäischer Festungskonstruktion, steht wie eine Wachanlage an der Pforte zum Eisernen Tor – jenem eindrucksvollen Flussabschnitt, der die natürliche Grenze zum „anderen", zum Orient, im Flussverlauf markierte. Dabei sind seit der Flutung durch den Kraftwerksbau von Đerdap 1 nur noch die oberen Teile sichtbar. Der Rest versank in einem „Donausee", einer der breitesten Stellen des gesamten Flusslaufs. Die unbeugsame Festung war Sitz eines türkischen Paschas, von dem die Legende sagt, dass er seine Frau wegen eines Flirts mit einem ungarischen Fürsten auf dem Felsen aussetzen und verhungern ließ.

Die besten Weinregionen

Auf der Weinkarte der Titanic

Tatsächlich soll ein Wein von der Donau auf der Weinkarte der „Titanic" gestanden haben. Angebaut wird Wein – weiße und rote Reben – in allen Donau-Anrainerstaaten, in einigen Ländern liegen viele Weinregionen sogar direkt an der Donau.

① Regensburger Land

Hier gibt es keine Winzergenossenschaften, keine automatischen Abfüllanlagen und auch keine Weinkönigin. Aber die rund 20 Donau-Winzer im angeblich kleinsten Weinbaugebiet Deutschlands kennen auch keine Absatzprobleme! Auf alle Fälle ist das Weinbaugebiet im Regensburger Land – zwischen Regensburg (Stadtteil Winzer) und den östlich gelegenen Donau-Gemeinden Tegernheim, Donaustauf, Bach an der Donau, Kruckenberg und Wörth an der Donau – das kleinste Bayerns. Auf ca. 4 ha Rebfläche werden hier vor allem trockene Weißweine angebaut, wobei die Sorte Müller-Thurgau deutlich im Vordergrund steht. Das in einem historischen Presshaus aus dem 14. Jh. eingerichtete BaierWeinMuseum am Ortseingang von Bach an der Donau (in Richtung Donaustauf) informiert über die jahrhundertealte Weinbautradition an der bayerischen Donau von der Römerzeit bis heute. Längs des jederzeit zugänglichen Weinlehrpfads sind die wichtigsten Weiß- und Rotweinsorten der Region zu Schauzwecken angebaut.

BaierWeinMuseum, D-93090 Bach a. d. Donau, Hauptstr. 1, Mai–Sept. So. 13.00–16.00 Uhr, www.baierwein-museum.de

② Wachau

Im sehenswerten, vor rund 300 Jahren erbauten barocken Dürnsteiner Kellerschlössel der Domäne Wachau am Fuß des Kellerbergs soll Napoleon höchst persönlich einmal abgestiegen sein. Hier im engen Donautal zwischen Melk und Krems wird auf den teilweise sehr steilen Terrassen hauptsächlich Grüner Veltliner und Riesling angebaut. In der Weinregion Wachau, zu der neben Dürnstein auch die Weinorte Spitz, Arnsdorf, Wösendorf, Joching, Weißenkirchen, Loiben, Rossatz und Mautern gehören, ist das Kellerschlössel eines der schönsten und renommiertesten Weingüter. Die imposanten barocken Kellergewölbe unter dem Dürnsteiner Kellerschlössel kann man im Rahmen einer Führung auf sich wirken lassen. Auch das Kellerschlössel selbst steht Besuchern zur Besichtigung offen und hat mit seinen Fresken und Wandmalereien sowie seiner Sammlung an Kupferstichen und Handzeichnungen auch einiges zu bieten. Die Vinothek wiederum lockt besonders Weinliebhaber, die hier die großen Wachauer Weinspezialitäten Steinfeder, Federspiel und Smaragd verkosten können.

Domäne Wachau, A-3601 Dürnstein 107; Vinothek: April–Okt. Mo.–Sa. 10.00 bis 17.00, Nov.–März Mo.–Fr. 10.00–17.00 Uhr; Kellerführung: April–Okt. Sa. 14.00 Uhr (Dauer: 1,5 Std.); www.domaene-wachau.at

③ Carnuntum

Im Frühjahr laden die Weinbauern zum Jungweinschnuppern nach Göttlesbrunn-Arbesthal ein! Zwei Weinorte, die sich nur wenige Kilometer südlich der Donau in die Landschaft des Arbesthaler Hügellandes schmiegen. Sie gehören zum Weinbaugebiet Carnuntum, das sich zwischen Wien und der slowakischen Grenze erstreckt. Hier werden Rot- und Weißweine angebaut, wobei die einheimische Rotweinsorte Blauer Zweigelt in der Gegend besonders beliebt ist. Das ganze Jahr über können in Heurigenbetrieben in Göttlesbrunn-Arbesthal Weine verkostet werden.

Gemeinde Göttlesbrunn-Arbesthal, A-2464 Göttlesbrunn, Dorfplatz 1, Tel. +43 2162 82 76, www.goettlesbrunn-arbesthal.gv.at

4 Južno-slovenská

In Deutschland gehört er zu den bekanntesten Winzern: Egon Müller, der an der Mosel herausragende Rieslinge keltert. Über seine slowakische Verwandtschaft gelangte der Weinbauer vor vielen Jahren in der slowakischen Weinregion Južnoslovenská nahe der Donau an das historische Château Béla, ein Weingut in einem renovierten Schloss, das inzwischen zu einem Fünf-Sterne-Hotel umgebaut wurde. Hier lässt Müller trockene Rieslinge produzieren, die den Müller-Rieslingen von der Mosel ähneln. Zu fast 100 % gehen diese besonderen Tropfen – laut Zeit-online „ein Fremdkörper im slowakischen Weinbau" – in den Export. In der Vinoteca, dem Sommerrestaurant von Château Béla, kann man die Weine des Schlosses kosten.

Hotel Château Belá, s.r.o. SK-943 53 Belá/Štúrovo (ca. 12 km nordwestlich von Štúrovo an der Donau), Tel. +421 36 7 57 76 00, www.chateau-bela.com; Vinoteca: Mai–Sept.

5 Tolna

Am rechten Donauufer südlich von Budapest sind noch uralte Weinkeller zu entdecken. Sie gehören zum Weinbaugebiet Tolna (südöstlich vom Plattensee bis zur Donau), das zu den sonnenreichsten Weinregionen Ungarns zählt. Die im 18. Jh. hier angesiedelten Deutschen führten kräftige Weißweinsorten ein. Auch heute noch werden überwiegend Weißweine angebaut, wie Chardonnay und Traminer; zu den Rot-weinen gehören Cabernet Sauvignon und Merlot. In einigen Gemeinden an der Donau prägen Weinkellerreihen das Ortsbild. Im hübschen Ort Dunaföldvár mit seiner Donaubrücke gibt es jahrhundertealte Weinkeller, die dort in das Donauufer gegraben wurden; in Blöcke, weiter südlich, stehen rund 380 Presshäuser; in Paks ist eine Weinkellerreihe am Platz mit dem Namen „Sárgödör tér" (Lehmkuhle) zu sehen.

6 Fruška Gora

Auf den fruchtbaren Hügeln der serbischen Weinregion Fruška Gora wurden die ersten Rebstöcke auf Veranlassung des römischen Kaisers Probus (232–282 n. Chr.) angepflanzt. Heute ist das Weingebiet bekannt für seinen italienischen Riesling. Auf über 50 % der Weinberge wächst diese Rebsorte. Bekanntester Weinort ist die Donaugemeinde Sremski Karlovci. Hier gibt es immer noch rund 60 Weinkeller privater Winzer. So produziert die Kellerei Živanovic seit fast 300 Jahren Wein, u. a. den roten, nach dem römischen Kaiser benannten „Probus". Eine weitere Spezialität von Fruška Gora, der aus 20 Kräutern gemischte Bermet, ähnelt dem italienischen Wermut. Angeblich stand dieser Dessertwein auf der Weinkarte der 1912 gesunkenen „Titanic".

Kellerei Živanovic, 86b Mitropolita Stratimirovica, SRB-21205 Sremski Karlovci

7 Donauebene

Genießen Sie vor der Weinprobe den Blick auf die Donau und die Insel Esperanto – oben vom Chateau Burgozone, einem auf den Überresten einer römischen Burg erbauten Weingut in Oryahovo! Der Ort gehört zur Weinregion Donauebene im Norden des Landes, wo rund 30 % der bulgarischen Rebstöcke angebaut werden: vor allem Cabernet Sauvignon, Merlot, Chardonnay und die dominierende rote Rebsorte Gamza. Das Weingut Chateau Burgozone produziert auf seinem Weinberg am Südhang der Donau prämierte Rot- und Weißweine. Um hohe Qualitäten zu garantieren, wird die Menge reduziert.

Chateau Burgozone, ul. Oryahovsko Shose 1, BG-3341 Leskovets/Oryahovo; Reservierung per E-Mail: oryahovo@burgozone.bg; Weinproben Di., Do. 14.00, Sa. 10.00 Uhr, www.burgozone.bg/en/visits.php

Weltoffen über die Grenzen

Aufbruch ist bei der Reise durch Serbien und Kroatien zu spüren. In Novi Sad flaniert es sich wunderbar durch die Fußgängerzone, Belgrad gibt sich weltoffen mit internationalem Flair. Prächtige Landschaften bieten nicht nur faszinierenden Pflanzen- und Tierarten Lebensraum. Auch bedeutende Klöster finden sich darin eingebettet, wie in der Fruška Gora.

❶ Serb. Obere Donau

Sumpflandschaften säumen den Abschnitt der Donau nordwestlich von Novi Sad. Sie bildet nun die Grenze zwischen Serbien und Kroatien.

SEHENSWERT

Die erste Stadt am linken, serbischen Donauufer ist **Apatin**. Neben dem pittoresken Zentrum ist der skurrile Mix der Baustile am Brauereigebäude zu bewundern. Seit 1756 wird hier Bier gebraut. Nordöstlich liegt **Sombor** (www.visitsombor.org), das mit seinen netten Barockfassaden zum Verweilen einlädt. Sombor gilt als das Zentrum der Tamburizza, einer Art Minibalaleika. Die **Galerie Milan Konjovic** zeigt eine große Auswahl an Werken des bekanntesten serbischen Expressionisten (www.konjovic.rs). Die Kirche **Sv. Stefana** (Anf. 20. Jh.) beherbergt die größte Orgel Serbiens.

UMGEBUNG

Etwa auf halber Strecke zwischen Apatin und Bačka Palanka steht das mehrfach zerstörte und wieder erbaute **Kloster Boðani**.

INFORMATION

Touristische Organisation Apatin, Petefi Šandora 2 a, 25200 Apatin, Tel. +381 25 77 25 55, www.turizam.apatin.com

❷ Vukovar

Der ganze Ort scheint trotz geschäftigen Wiederaufbaus noch immer auf der Suche nach sich selbst. Das kroatische Vukovar liegt nahe der Mündung der Vuka in die Donau. Seine Blütezeit begann im 18. Jh. Es entstand ein malerischer Stadtkern mit repräsentativen Bauten.

SEHENSWERT

Die Gebäude gehen vor allem auf die deutschstämmige Familie von Eltz zurück, die 1751 ein **Barockpalais** errichten ließ. Von der Eleganz ist wenig geblieben. Vukovar ist Mahnmal des Jugoslawischen Bürgerkriegs, zerschossene Häuser erinnern daran. 1991 von serbischen Truppen belagert und eingenommen, 1996–98

Im Vučedol Museum nahe Vukovar (oben). Der Hauptplatz in der Altstadt von Osijek (rechts oben). Die Donau bei Ilok (rechts unten)

war eine UN-Übergangsverwaltung eingerichtet. Einst der größte kroatische **Donauhafen**, heute von eher marginaler Bedeutung.

UMGEBUNG

Zentrum Slawoniens ist **Osijek**, ca. 30 km nordwestl. Repräsentative Gebäude der Oberstadt machen die Attraktivität der Universitätsstadt an der Drau aus; gotische Kathedrale Sv. Petra i Pavla (Peter u. Paul), Festung, in der Europska avenija schmucke Jugendstilgebäude (www.tzosijek.hr, www.tzosbarzup.hr). Östl. der Naturpark **Kopački Rit**: reiche Flora, viele Vogelarten, Jagdzentrum. Durch den Jugoslawienkrieg wurde es stark in Mitleidenschaft gezogen (http://pp-kopacki-rit.hr). Weiter östl. die Festungsruinen in **Erdut**. Wenige Flusskilometer abwärts bei Vučedol (Ausgrabungen) die **Adlerinsel** (Orlov otok) mit schönen Sandstränden.

INFORMATION

Touristinformation, J. J. Strossmayera 15, 32000 Vukovar, Tel. +358 32 44 28 89, www.turizamvukovar.hr

❸ Ilok

Ilok in Kroatien war im Mittelalter ein reiches Städtchen, heute ist es vor allem als Weinanbaugebiet bekannt.

SEHENSWERT

Unter ungarischer Herrschaft entstand im 14. Jh. eine **Festungsanlage** mit Kirche und Kloster. Die Festung ist heute Ruine, nur eine Backsteinmauer zeugt noch von ihrer Existenz. Kirche und Kloster wurden restauriert. Die Trauben der **Iloker Berge** bilden die Grundlage für einen schmackhaften Traminac. Schon auf den großen Weltausstellungen des 19. Jhs. wurden diese Weine mehrfach ausgezeichnet.

UMGEBUNG

Auf der serbischen Seite gegenüber Ilok liegt **Bačka Palanka**. Östlich davon erstreckt sich der **Naturpark Karaðorðevo**, der sich vor al-

Die malerische Festung Ram (ganz oben). Belgrads mächtige Festung Kalemegdan (oben)

lem durch eines der größten Gestüte Europas sowie als Großwildjagdrevier einen Namen gemacht hat.

INFORMATION
ITZ Grada Ilok, Trg Nikole Iločkog 2, 32236 Ilok, Tel. +385 32 59 00 20, www.turizamilok.hr

❹ Novi Sad

Die zweitgrößte Stadt Serbiens ist Universitäts- und Messestadt mit repräsentativen Bauten, vor allem aus dem 19. Jh. Die Festung Petrovaradin war Prinz Eugens stärkste Basis im Kampf gegen die Türken. Kaiserin Maria Theresia baute die Festung aus. Im Schatten dieses Bollwerks blühte eine ethnische Vielfalt, die erst in den Weltkriegen und spätestens mit dem Jugoslawienkrieg ihr trauriges Ende fand.

SEHENSWERT
In Novi Sad gibt es sie noch, die alte Tradition des Corso: Wenn man sich abends auf der Straße trifft, um noch ein Pläuschchen zu hal-ten. Nicht selten landet man im Zentrum, wo man mit der ganzen Familie auf und ab flaniert. Novi Sad hat so ein lebendiges Herz mit Freisitzen, Geschäften und fröhlichen Menschen. An der **Zmaj Jovina,** der Fußgängerzone, die in die Dunavska mündet, liegen viele Cafés und Restaurants. Das **Rathaus** wurde 1894 im Stil der Neorenaissance erbaut, die gegenüberliegende katholische **Marienkirche** mit ihren farbigen Fenstern 1895 fertiggestellt. Nahe der Dunavska befindet sich die orthodoxe **Kathedrale des Hl. Georg** (Ende 19. Jh. wiedererrichtet), die zahlreiche Ikonen beherbergt. Rast bietet der belebte **Donaupark** östlich davon. Die **Synagoge** (1909) erinnert an die große jüdische Gemeinde und ihre Mitglieder, die 1944 von hier deportiert wurden. Sie liegt an der Jevrejska-Straße, westlich von Hauptplatz und Donaupark. Heute finden hier Konzerte statt. Der romantische kleine **Platz der Brautpaare** liegt östlich der Synagoge (trg Mladenaca). Die **Festung Petrovaradin** auf dem anderen Donauufer gehört zum Pflichtprogramm eines Besuchs. Einige Künstler sind mit ihren Ateliers hier eingezogen. Ein **Stadtmuseum** (Di.–So. 9.00–17.00 Uhr) führt hier Geschichte anschaulich vor Augen, auch Teile der kilometerlangen unterirdischen Gänge stehen Besuchern offen.

VERANSTALTUNG
EXIT Noise Festival: Pop-Open-Air mit internationalen Stars auf der Festung Petrovaradin (www.exitfest.org).

AUSFLÜGE
Von Novi Sad aus südlich in die **Fruška Gora,** einst Insel im Pannonischen Meer, heute einzige Erhebung weit und breit. Bis auf knapp 500 m Höhe reichen die grünen Anhöhen. Seit 1960 ist das Gebiet als Nationalpark ausgewiesen (was damals oft nichts anderes als privilegierte Jagdgründe bedeutete).
Ausgangspunkt für Touren in die Vojvodina ist neben Novi Sad die von Barockbauten geprägte Stadt **Sremski Karlovci,** 5 km südöstl. Wie in einem Freilichtmuseum besucht man die Donja i Gornja Crkva (Obere und Untere Kirche, 18. Jh.), die barocke Saborna Crkva (Domkirche) oder den neobyzantinischen Patriarchenhof mit seiner Sammlung an Kunstwerken.

INFORMATION
Tourist Information Centre, 9 Mihajla Pupina Bulevar, 21000 Novi Sad, Tel. +381 21 42 18 11, www.turizamns.rs (Serbisch), www.novisad.rs/eng (Englisch)

❺ Beograd (Belgrad)

Die „weiße Stadt", die über eine so bewegte und bewegende auch jüngere Vergangenheit verfügt, lebt auf. In Belgrad brummt es, würde man es salopp umschreiben. Das römische Singidunum wurde ab dem 7. Jh. abwechselnd von Awaren, Bulgaren, Byzantinern und Serben beherrscht. Von Österreich eingenommen, fiel es immer wieder an die Türken. Ab Dezember 1918 Hauptstadt des späteren Jugoslawien.

Tipp

Heilige grüne Berge

Die Klöster der Fruška Gora sind Repräsentanten der Weltabgeschiedenheit. In den bewaldeten Hügeln südwestlich von Novi Sad zählt man 17 mittelalterliche Klosteranlagen. Serbische Klöster waren nicht selten federführend im Widerstand gegen die osmanischen Besatzer und wichtige Bewahrer nationaler Kulturgüter. Im Kloster Krušedol, Zentrum der geistlichen Landschaft, residierte zeitweise der serbische Patriarch. Trotz der Zerstörungen über viele Jahrhunderte sind manche heute zumindest teilrestauriert. Besonders sehenswert: Grgeteg (15. Jh.), Hopovo und Velika Remeta (16. Jh.).

NATIONALPARK FRUŠKA GORA
21208 Sremska Kamenica,
Tel. +381 21 46 36 66,
www.npfruskagora.co.rs (Serb./Engl.)

SEHENSWERT
Auf der **Festung Kalemegdan** und der an ihrem Fuß beginnenden Haupteinkaufsstraße **Kneza Mihaila** atmet das Großstadtleben. Von der Fußgängerzone wendet man sich in Richtung Universität bis zum **Akademski trg** mit dem heutigen Rektorat der Uni Belgrad. Der Mihaila folgend, ist bald der **Platz der Republik** (trg Republike) mit **Nationalmuseum** und **Nationaltheater** erreicht.
Südl. am Schlosspark **Neues** und **Altes Schloss.** Von hier führt die Kralja Milana in Richtung **Kirche des heiligen Save.** Schon aufgrund der erschlagenden Größe kommt man an ihr nicht vorbei. Seit 1934 wird gebaut, und ein Ende ist nicht abzusehen (unregelm. geöffnet). Die Sehenswürdigkeiten der Innenstadt kann man in wenigen Stunden erlaufen. Auf einen Kaffee verweilt man in einer der Kneipen des ehem. Bohemeviertels **Skadarlija** östl. des Platzes der Republik rund um die Skadarskastraße. Schon lange kein Vorposten mehr, weil Belgrad und vor allem Novi (Neu-) Belgrad gewachsen sind, ist **Zemun** im Westen. Einst war es der Stützpunkt der habsburgischen Truppen. Im Zentrum der Festung der **Millenniums-Turm** von 1896. Zemun ist heute so etwas wie der Marktplatz der Belgrader. Vom **Gardoš-Hügel** hat man eine schöne Aussicht auf die Donau und Belgrad.

MUSEEN
Nationalmuseum: Gemälde, numismatische Sammlung u. a. (www.narodnimuzej.rs). Eine Besonderheit ist das **Nikola-Tesla-Museum** (Krunska 51, www.tesla-museum.org; Di.–So. 10.00–18.00 Uhr) südl. des Neuen Schlosses mit seiner Ausstellung über Leben und Wirken des großen Erfinders und Elektroingenieurs.

AUSFLÜGE
Schiffstouren durch Donau und Save oder ein Trip ins 14 km entfernte **Vinča,** prähistorische Ausgrabungsstätte von internationalem Rang.

INFORMATION

Tourist Information Center Belgrad, Knez Mihailova 5, 11000 Belgrad, Tel. +381 11 2 63 56 22; weitere Info-Center am Bahnhof und Flughafen; www.tob.co.rs

⑥ Smederevo

Smederevo war im Mittelalter Residenzstadt Serbiens. Bis ins 20. Jh. blieb die Festung weitgehend erhalten.

SEHENSWERT

Die Mauern eines römischen **Kastells** wurden über die Jahrhunderte aus- und umgebaut. Im Ersten Weltkrieg erheblich beschädigt, wurde die Festung durch einen alliierten Luftangriff und das Munitionslager, das deutsche Truppen in der Burg unterhielten, 1941 vollständig zerstört. Wirtschaftliche Bedeutung hatte Smederevo vor allem wegen seiner Eisenhütte Sartid. Heute ist es ein **Obst-** und **Weinzentrum.**

VERANSTALTUNG

Smederevska jesen: „Herbst in Smederevo" (Ende Sept.), mit mittelalterlichem Kostümumzug. Die alten Weinkeller öffnen ihre Pforten.

UMGEBUNG

38 Flusskilometer donauabwärts erhebt sich die Ruine der türkischen **Festung Ram** (15. Jh.). Vor Ram befindet sich die versunkene Insel **Ada Cibuklija,** von der nur noch die Weidenbaumkronen aus dem Wasser ragen. Einige Kilometer vor **Veliko Gradište** wird die Donau zum Grenzfluss zu Rumänien.

INFORMATION

Nationale Tourismus Organisation Serbiens, Čika-Ljubina 8, 11000 Belgrad, Tel. +381 11 6 55 71 27, www.serbia.travel (Serbisch/Englisch)

⑦ Đerdap Nationalpark

Bei Golubac beginnt der Nationalpark und erstreckt sich über 64 000 ha auf serbischer Seite.

SEHENSWERT

Die **Festung** in Golubac aus dem 14. Jh. präsentiert sich quasi als Wächter des Eisernen Tors. Sie steht am Eingang einer der größten Flussschluchten Europas. Felsen ziehen sich am Ufer entlang, im hier ansetzenden Abschnitt Veliki Kazan bis auf eine Höhe von über 600 m. Die Wassertiefe beträgt dort ca. 90 m.

AUSFLÜGE

Ob mit dem Schiff durch die **Kataraktenstrecke TOPZIEL** hindurch oder als Wanderer bzw. mit dem Fahrrad außen herum – dieser Abschnitt der Donau ist immer bewundernswert.

INFORMATION

Đerdap Nationalpark, Kralja Petra 1 br 14 a, 19220 Dolnij Milanovac, Tel. +381 30 2 15 00 66, www.npdjerdap.org

---

Genießen   Erleben   Erfahren

Sattelfest auf neuen Wegen: Go east!

DuMont Aktiv

Radeln bis zur Mündung – der Ausbau des Donauradwegs hinter Ungarn wird massiv fortgeführt: Die Schilder sind alle installiert, die Wege befestigt, die Route minutiös dokumentiert. Seit 2009 fährt es sich auch in Kroatien und Serbien gut mit dem Rad die Donau entlang, obschon mit etwas anderen Rahmenbedingungen als zwischen Passau und Wien.

Ein Entwicklungsprojekt, das federführend von der Deutschen Gesellschaft für Internationale Zusammenarbeit (GIZ) finanziert und organisiert wird, soll die Erfolgsgeschichte des Radwegs auch in den östlichen Anrainerstaaten fortführen. Durch den Weg, der viele regionale Straßen nutzt, werden einige der schönsten Donauabschnitte für den aktiven Urlaub zugänglich: das Eiserne Tor und die Kataraktenstrecke an der serbisch-rumänischen Grenze, aber auch das Naturreservat „Kopacki rit" in Kroatien. Die Infrastruktur (Gastronomie, Radwerkstätten etc.) steckt aber noch in den Kinderschuhen. Die Teilabschnitte sind meist, aber nicht durchweg flach. Kurze heftige Anstiege in der Fruška Gora oder am Eisernen Tor in Serbien wollen erklommen sein.

In Rumänien und Bulgarien ist man an der Donau weitgehend auf sich gestellt. Hier gibt es noch so gut wie keine Infrastruktur. Immerhin ein Anfang ist gemacht, und für neugierige und mutige Radler ist die Fahrt in Richtung „Kilometer null" ein eindrucksvolles Erlebnis (s. S. 110).

Weitere Informationen

Beste Reisezeit für die östlichen Abschnitte, die dem teilweise trocken-heißen Kontinentalklima unterliegen, sind die Monate Mai–Juli und September/Oktober.

Der ADFC gibt umfangreich Auskunft über alles, was man zur Vorbereitung und Durchführung einer Tour benötigt: **www.adfc.de**

Sehr gut informiert das Donaukompetenzzentrum (DCC) in Belgrad über den neuen Abschnitt (auch auf Deutsch): **www.danube.travel**

Mit dem Fahrrad am Eisernen Tor – die Verlängerung des „klassischen" Donauradwegs nach Osten ermöglicht es, einige der schönsten Donau-Highlights nun auch per Rad zu „erobern".

Der Anfang vom Ende

Hunderte von Kilometern schlängelt sich die Donau als Grenzfluss durch Bulgarien und Rumänien. In Rumäniens Hauptstadt Bukarest überdauern gigantische Bauten. Einflüsse der langen osmanischen Herrschaft, aber auch der Europäer sind vielerorts ablesbar. „Wenn jemand die Donau hinauf nach Wien fuhr, sagte man, er fährt nach Europa", berichtet der im bulgarischen Ruse geborene Literatur-Nobelpreisträger Elias Canetti in seinen Kindheitserinnerungen „Die gerettete Zunge".

Weite Obst- und Gemüsefelder begleiten die Donau auf ihrem Weg,
Hirten treiben ihre Rinder ans Ufer – hier auf der bulgarischen Seite.

Festung Baba Vida bei Vidin

Eine Gruppe von Fischerbooten in der Nähe der
alten bulgarischen Hafenstadt Silistra

Ruine bei Vidin

Pelikane am rumänischen Donauufer

Special

Revolution auf der Donau

Christo Botev (1848–76) ist der bulgarische Nationaldichter und Inbegriff des Revolutionärs.
Botev war publizistisch tätig, doch bekannt wurde er vor allem durch seinen Freiheitskampf gegen die osmanische Herrschaft, insbesondere durch den revolutionären Akt auf der Donau. Botev und 200 Mitstreiter enterten im Mai 1876 den Raddampfer „Radetzky", um von Rumänien nach Bulgarien überzusetzen. Vom Ufer aus rief Botev dem österreichischen Kapitän zu: „Es lebe Bulgarien! Es lebe Kaiser Franz Joseph! Es lebe das christliche Europa!" Wenige Tage später war er tot – und unsterblich.

Bei Kozlodui gibt es einen Nachbau des „revolutionären" Dampfers, und alljährlich heulen am 2. Juni um zwölf Uhr die Sirenen zum Gedenken an Botevs Tod.

In wohl keinem der Anrainerstaaten fließt die Donau so unauffällig dahin wie zwischen Bulgarien und Rumänien. Allein die Tatsache, dass auf 471 gemeinsamen Flusskilometern bis 2013 nur eine einzige Brücke die beiden Länder verband – nämlich Ruse in Bulgarien und Giurgiu in Rumänien –, spricht Bände. Deren Bezeichnung als „Brücke der Freundschaft" darf aber getrost als Euphemismus verstanden werden, denn in Wahrheit ist man sich bis heute „nicht ganz grün".

Auf dem Weg nach Europa

Der Fluss war schon immer eine Grenze. Ehemalige Kolonien und Befestigungen der Griechen und Römer in Vidin, Nikopol und Silistra sind nur einzelne Stützpunkte – auch Svištov gehört dazu, der südlichste Punkt, den die Donau in ihrem Verlauf erreicht. Die Römer nutzten die Wasserscheide großteils als Limesfortsetzung. Anfang des 20. Jahrhunderts kam Ruse bei Flusskilometer 496 eine wachsende Bedeutung zu. Der Ort fungierte nicht nur als bedeutende Handelsstadt, als Drehkreuz zwischen Ost und West, Nord und Süd; er war auch ein wichtiges politisches Zentrum. Alle Großmächte unterhielten hier Konsulate. Damit war Ruse eine der ersten „europäischen" Städte in Bulgarien – sieht

man einmal von der Küstenstadt Varna und ihrem Kurtourismus ab. Doch heute scheint Ruse noch auf der Suche nach dem Aufbruch. Ein historischer Grundstein ist gelegt. Man darf gespannt sein.

Im Geburtshaus von Elias Canetti

Ljuben Dakov ist ein Glücksfall. Es gibt wahrscheinlich nur wenige Menschen, die Ruse und die Donau in ihrer Biografie so vereinen wie der Kapitän im Ruhestand. Wir treffen ihn im Geburtshaus von Elias Canetti, jenem Dichter, der seine Heimatstadt Ruse in der Weltliteratur verewigte. Dabei hat Canetti nur bis zu seinem fünften Lebensjahr das Haus in der Gurkostraße bewohnt. Ljuben Dakov bezog es 35 Jahre später mit seiner Familie. Zu diesem Zeitpunkt war er fünf Jahre alt. Aber nicht nur die Verbindung zu dem Dichter, in dessen Geburtshaus er noch heute lebt, macht die Besonderheit aus. Ljuben Dakov hat als Kapitän auf der Donau gearbeitet. Er ist den Strom hinauf- und hinabgefahren, zeit seines Lebens, und ist einer der wenigen, die noch von der Eisenbahn durch die Kataraktenstrecke flussaufwärts gezogen wurden. Ziel war ein Hafen im Westen, in „Europa". Die eigenen Ufer wurden seltener angesteuert, auch wenn Bulgarien mit Vidin, Lom und Ruse über drei große Industriehäfen verfügt.

Ruse, die Geburtsstadt von Elias Canetti, ist europäisch geprägt (ganz rechts). Ein Restaurant am Donauufer in Ruse (rechts)

Die „uneinnehmbare", ursprünglich bereits von den Römern zwischen die Felsen gebaute Festung bei Belogradčik

Heute ist die Fahrt unvergleichlich sicherer, dennoch wird jede Veränderung des Donaugrundes akribisch notiert. Selbst auf den modernen Kreuzfahrtschiffen, die mit der allerneuesten Technik navigieren, halten die Kapitäne Sandbänke auf diesem Donauabschnitt mit Bleistift in ihren Flussbüchern fest. Seitenmarkierungen der Fahrrinne fehlen auf der Donau fast völlig. Der Fluss wirkt unbefestigt und haltlos zwischen Rumänien und Bulgarien. Hier ist man auf sich allein gestellt.

Ein kleines Weltwunder

Auf rumänischer Seite ist zumindest der Auftakt historisch imposant. Kurz hinter der alle Sinne überwältigenden Kataraktenstrecke stehen die sehr kümmerlichen Reste eines imposanten Bauwerks, das man zur Zeit seiner Errichtung durchaus als kleines Weltwunder bezeichnen konnte: die Brücke von Drobeta Turnu Severin. Kaiser Trajan ließ sie zwischen 102 und 105 n. Chr. errichten und marschierte im Jahre 105 zum zweiten Mal in Dakien ein, um das Volk der Daker unter seinem König Decebal zu unterwerfen. Im „Museum des Eisernen Tores" in Turnu Severin lassen sich die Dimensionen dieses Feldzugs anhand von Modellen und archäologischen Funden eindrucksvoll nachvollziehen. Hier kümmert man sich auch gleich geschäftig um die Besucher. Jeder Versuch, das Gebäude nach einem kurzen Rundblick wieder zu verlassen, wird mit einem drängenden Hinweis vereitelt: Man verfüge noch über eine weitere Etage, wo ebenfalls sehr interessante Exponate zu sehen seien.

Dazwischen liegt ein großes Nichts, versehen mit einem Fragezeichen, was die touristische Erschließung der Region in der Zukunft bringen mag. Schräg gegenüber der historischen Trajanstafel auf serbischer Flussseite prangt das Antlitz des großen Widersachers Trajans, des Dakerkönigs Decebal, wie ein Ausschnitt des Mount Rushmore auf dem Felsen über dem Fluss. Kraftwerksbau

Rumäniens „Mount Rushmore" zeigt den großen Widersacher des römischen Kaisers Trajan: den Dakerkönig Decebal.

Bukarest, die rumänische Hauptstadt in der Walachei, hieß ursprünglich Cetatea Dâmboritei. Die Szenen zeigen im Uhrzeigersinn das Dorfmuseum, ein modernes Einkaufszentrum, den Triumphbogen und einen Gläubigen vor der Patriarchatskirche.

Architektonische Zeichen der Ceaușescu-Diktatur in Bukarest: Der Boulevard der Einheit
führt vom Vereinigungsplatz zum gigantischen Parlamentspalast.

„Es gab Geschichten über die besonderen Jahre, in denen die Donau zufror; von Schlittenfahrten über das Eis nach Rumänien hinüber."

Elias Canetti, „Die gerettete Zunge"

und anschließende Flutung des Donaubeckens zogen einen Anstieg des Wasserpegels um rund vierzig Meter nach sich. Die alten Signalstationen, die für die Verkehrsregelung vor der Flutung verantwortlich waren, sind heute zu Kirchen umfunktioniert.

„Paris des Ostens"?

Selten hat ein Despot dermaßen in Architektur und Stadtplanung eingegriffen wie Nicolae Ceaușescu als selbst ernannter rumänischer „Führer". Dem stalinistischen Prachtbau „Volkspalast" beispielsweise musste in Bukarest ein ganzes Stadtviertel weichen. Und leider wird die Hauptstadt Rumäniens mit ihren rund zwei Millionen Einwohnern trotz all ihrer schönen Seiten auf genau diese Bausünde reduziert. Gigantomanie hat eben durchaus auch ihre Reize, vor allem, wenn sie von einem Netz aus Mythen und Anekdoten umgeben ist.

Mittlerweile hat das rumänische Parlament weite Teile des Palastes in Anspruch genommen, und als Besucher der Stadt kann man sich auf die anderen, immer zahlreicher werdenden Attraktionen stürzen. Zum Beispiel das beschauliche Dorfmuseum, in dem gern volkstümliche Videos gedreht werden, oder die Kathedrale des Patriarchen – oder einen der zahlreichen Bukarester

Parks. Es ist schon ein Graus, wie häufig pauschale Vergleiche zur Beschreibung einer Stadt herangezogen werden. Was immer man sich unter dem „Paris des Ostens" vorstellen mag, als das Bukarest schon mal bezeichnet wird – die Stadt ist ein kleiner Moloch mit Charme. Paris etwa auch?

Terra Incognita

Von dem im Jahr 2000 geschlossenen Vertrag über Renaturierungsmaßnahmen und den Hochwasserschutz ist bis heute noch nicht allzu viel zu spüren. Vor allem das rumänische Ufer wurde 2006 von den schlimmsten Überflutungen seit Jahrzehnten heimgesucht, und das, obwohl sich relativ wenige Ansiedlungen direkt am Ufer befinden. Anders auf der bulgarischen Seite. Hier schützt eine natürliche Dünung das Hinterland weitgehend vor Flutkatastrophen. Doch auch hier standen zahlreiche Ortschaften wochenlang unter Wasser. Heute aber lohnt das Hinterland von Bulgarien, das sich vielen noch immer als Terra incognita darstellt, den ein oder anderen Ausflug. Von Vidin aus ist es nicht weit nach Belogradčik, einer wie verzauberten Stadt in einer ungewöhnlichen Landschaft; von Ruse führt der Weg an der weichen Hügellandschaft Rusenski Lom vorbei nach Veliko Târnovo. Es ent-

Festung und Patriarchenkirche
in Veliko Târnovo

Der Baustil in Arbanassi zeigt sehr
individuelle Ausprägungen.

Die mit einer Vielzahl großartiger Malereien ausgestattete
Christi-Geburt-Kirche in Arbanassi

wickelte sich hier nicht nur eine ganze Malerschule; reizvoll sind auch die Wiedergeburtshäuser, die sich erhalten haben. Wiedergeburt? Die ist hier historisch zu sehen: Nicht zuletzt im Umfeld der Klöster wurde im 19. Jahrhundert die Idee der „nationalen Wiedergeburt" vorangetrieben – sprich: der Widerstand gegen die fremden Herrscher.

Die letzten Kilometer

Wieder zurück auf dem Schiff nach diesen Ausflügen, wird es kurz vor der Mündung noch einmal spannend für Donaukreuzfahrer. Der Fluss beginnt zu schlingern, bildet kleine Seitenarme. Braila und Galaţi werden passiert; beide sind in ihren historischen Stadtkernen malerisch, was man vor allem bei Galaţi nicht vermuten würde. Ein riesiges Stahlwerk lässt den Himmel westlich des Ortes selten aufklaren, die Stadt erscheint wie zubetoniert. Im Hafen, dem größten rumänischen Binnenhafen, reiht sich Krananlage an Krananlage. Nur noch wenige Kilometer sind es nun bis nach Tulcea, dem Zentrum des Deltas. Die letzten Kilometer der Donau haben begonnen.

Begrenzt: Moldawien

Moldawien reiht sich mit 600 Metern Grenze unter die Anrainerstaaten der Donau. Hier entstand vor gar nicht allzu langer Zeit – und trotz großer ökologischer Vorbehalte – der internationale Hafen „Giurgiulesti", nebst Ölraffinerie und einer direkt am Hafen gelegenen Freihandelszone.

Eine Krümmung im Fluss: Ein kleines Bistro vor der Grenze, das sehr gut vom Schnapsverkauf lebt, erlaubt den Blick auf die Donau, wie sie moldawisches Hoheitsgebiet streift. Sie berührt das Land – rein geografisch jedenfalls. Selbst als Grenze misst man ihr mindere Bedeutung zu. Eine Marginalie auf einigen Hundert Metern, die historisch bedingt ist. Seit dem Jahr 1990, seit der Abspaltung Moldawiens von der Sowjetunion, besteht diese Grenze.

ÖKOLOGIE

Schützen und nutzen

*Einzigartiges Ökosystem und zugleich industrielle Wasserstraße:
ein unüberwindbarer Widerspruch? Wo findet man noch
Überreste des ursprünglichen „Flusssystems Donau"?*

Rosa Hirschenauer ist über den Amazonas an die Donau gekommen – ein nicht zu unterschätzender Umweg, vor allem wenn man bedenkt, dass die Donau quasi vor ihrer Haustür vorbeifließt. Aber manchmal bedarf es eben solcher Umwege, um zu erkennen, was wesentlich ist. „Meine Aufgabe ist hier, nicht irgendwo in der Weltgeschichte", sagt die Niederaltaicherin, Gründungsmitglied der „Freundinnen der Donau", und erzählt begeistert von den Aktionen der Gruppe, die sich 1996 mit dem Ziel gegründet hat, die Donau zwischen Straubing und Vilshofen vor dem Ausbau zu schützen. Auf dieser Strecke findet man die letzten (rund siebzig) „frei fließenden" Kilometer Donau in Deutschland. „Frei" bedeutet hier ungestaut und unbebaut, mit einer intakten Auwaldstruktur und Altarmen.

Die natürliche Dynamik

Handelt es sich bei der Donau überhaupt noch um einen „natürlichen" Fluss? Staustufen und industrieller Ausbau zerstören entscheidende Flussmerkmale, wie Georg Kestel vom BUND (Bund Umwelt und Naturschutz e. V.) in Deggendorf anmerkt, nämlich „die natürliche Dynamik des Flusses, die enge Verflechtung unterschiedlicher Lebensraumtypen sowie die einzigartigen Fluss- und Auenbio-

tope". Am Ufer des Flusses, auf den Radwegen oder den Ausflugsschiffen, bekommt man von dieser Problematik wenig mit. Wer sich aber schon einmal in eines der Auwaldgebiete begeben hat, sei es in Niederbayern oder im Nationalpark Donauauen südlich von Wien, im Kopacki-Rit in Kroatien oder in der Sumpfwelt des Donaudeltas in Rumänien oder der Ukraine, dem wird eindringlich vor Augen geführt, was relativ ursprüngliche Natur noch bedeuten kann.

Die Donaustrategie

Eine noch junge Initiative zur gemeinsamen Veränderung und Verbesserung des Flusses in allen möglichen Dimensionen ist die „Donaustrategie", die nach dem Vorbild der Kooperation der Ostsee-Anrainerstaaten auf eine intensive Zusammenarbeit aller Donauländer setzt. Die Initiative will die Donau als „ökologische, ökonomische und kulturell verbindende Größe im Südosten Europas sehen", so Dr. Fritz Holzwarth vom Bundesministerium für Umwelt, Naturschutz und Reaktorsicherheit in Deutschland. Dabei stehen zwei Komponenten im Zentrum: die Verbesserung der Wasserqualität, vor allem an der unteren Donau, und der Naturschutz. „Schützen und nutzen in ein ausgewogenes Verhältnis bringen", das ist laut Holzwarth der Kerngedanke der Initiative.

Die von Schilfinseln und baumbestandenem Festland durchbrochenen Sümpfe des Donaudeltas formen eines der größten und wichtigsten Biosphärenreservate der Erde. Seit 1991 gehört es zum Welterbe der UNESCO.

Das jedes Jahr um etwa vierzig Meter ins Schwarze Meer hineinwachsende Delta der Donau bietet einen noch weitgehend unzerstörten Lebensraum für viele Vogel-, Fisch- und Pflanzenarten.

Auch Umweltvertreter wie der Direktor des Donau-Karpaten-Programms des WWF, Andreas Beckmann, hoffen, dass die Zusammenarbeit der Regionen eine ökologisch sinnvolle Entwicklung der Flusslandschaft mit sich bringen könnte. „Wir brauchen einen Paradigmenwechsel, und mit etwas Mut und Fantasie kann die Donaustrategie dies leisten, indem sie eine mutige und langfristige Vision für nachhaltige Entwicklung realisieren hilft." Und Rosa Hirschenauer hat nach den langen Jahren ihres Kampfes für den Erhalt der Auwälder das Gefühl, „dass der Samen langsam aufgeht" und die Bevölkerung sich zunehmend mitverantwortlich fühlt. Denn ein Donauufer, das wie mit einem Lineal in die Landschaft gezeichnet ist, wünschen sich die wenigsten – weder Anwohner noch Touristen.

Adressen

Bundesumweltministerium für Umwelt, Naturschutz und Reaktorsicherheit, Referat Öffentlichkeitsarbeit, 11055 Berlin, Tel. +49 301 8 30 50, **www.bmu.de**

Bund Naturschutz in Bayern e. V., Kreisgruppe Deggendorf, Amanstr. 21, 94469 Deggendorf, Tel. +49 991 3 25 55, **www.bn-deggendorf.de**

Freundinnen der Donau e. V., Östlicher Kapuzinergraben 4, 94469 Deggendorf, Tel. +49 991 3 79 08 50, **www.freundinnenderdonau.de**

Informationsportal Donaustrategie, Haslacher Str. 183, 79108 Freiburg, Tel. +49 761 88 89 22 79, **www.donaustrategie.info**

Internationale Kommission zum Schutz der Donau, Wagramer Str. 5, A-1220 Wien, +43 1 26 0 60 57 38, **www.icpdr.org**

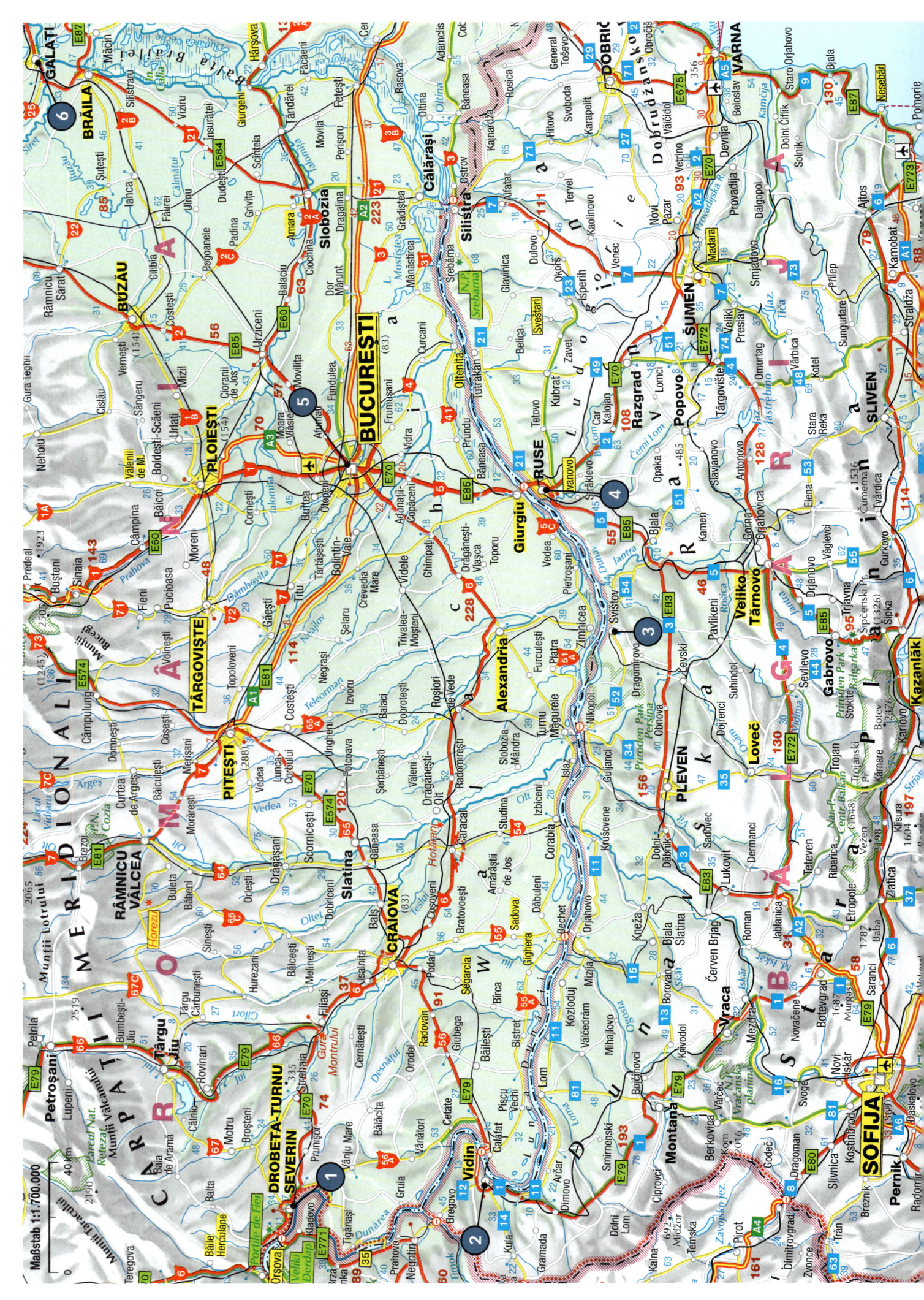

Mythen und Monumente

Viel mehr als die dramatische Kataraktenstrecke gibt es hier zu entdecken: Naturreservate mit ungezählten Vogelarten und üppiger Fauna, prähistorische Höhlen und Höhlenklöster mit herrlichen Malereien, aber auch Grenzstädte wie Vidin, an denen die wechselvolle Geschichte Bulgariens ablesbar ist.

❶ Drobeta Turnu Severin

Der Name des Orts auf rumänischer Seite geht zurück auf den römischen Kaiser Septimius Severus, der hier eine Festung errichten ließ. Unter dem bedeutenden Architekten Apollodor von Damaskus wurde von 102–105 eine Brücke erbaut. Sie erlaubte Kaiser Trajan den Einmarsch nach Dakien, um dort die Aufständischen unter ihrem König Decebal zu unterwerfen. Die Brücke über die Donau wurde aber rund 150 Jahre später von den Römern selbst wieder eingerissen.

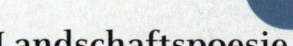

Tipp

Landschaftspoesie

Die Naturfestung, die sich aus den Steinformationen bildet, ist ein kleines Wunder. Von den Römern genutzt, galt sie lange als uneinnehmbar. Die Bewohner Belogradčiks werden nicht müde, Mythen um die Steine zu spinnen, die sich ringsum erheben. Übersetzt bedeutet Belogradčik „weiße Stadt". Die verzauberte Landschaft allerdings lebt von den roten Felsen. In letzter Zeit entdecken immer mehr Sportkletterer die Vorzüge der Bergwelt hier und beim nahe gelegenen Vratza.

WEITERE INFORMATIONEN
www.belogradchik.biz

Wuchtig und bedrohlich: Die Festung Baba Vida in Vidin (oben). In Herkulesbad kann man in fantastischer Landschaft kuren (rechts oben).

MUSEUM
Im **Muzeum Portile de Fier** (Str. Independentei 2; Di.–So. 9.00–16.00 Uhr) deckt die Ausstellung auf 3 Etagen ein weites Feld nicht nur der Geschichte des Eisernen Tores, sondern auch allgemein rumänischer Geschichte ab; angrenzend ein ethnologisches Museum.

UMGEBUNG
Nicht versäumen sollte man einen Kuraufenthalt in **Herkulesbad** (Baile Herculane; ca. 45 km nördl.) mit 16 Thermal-Mineral-Quellen. Römische Thermen erlebten hier zu K.-u.-k.-Zeiten eine Blüte. In einem schönen Gebirgstal gelegen, werden die lange vernachlässigten Belle-Époque-Gebäude nach und nach restauriert (www.baileherculane.ro). Direkt vor Turnu Severin liegt die kleine Insel **Simian,** auf der man die abgetragenen Nachbauten der Festung der sagenhaften Insel „Ada Kaleh" besichtigen kann. „Ada Kaleh" versank im Zuge der Stauung für das Kraftwerk Djerdap in den Fluten des Eisernen Tores (www.banater-aktuali taet.de/banburg04.htm).

INFORMATION
Rumänisches Touristenamt, Reinhardtstr. 47 10117 Berlin, Tel. +49 30 60 26 46 22, www.rumaenien-tourismus.de, info@rumaenien-tourismus.de

❷ Vidin

Vidin war immer ein wichtiger Grenzposten, was die wechselnde Regentschaft von Bulgaren, Byzantinern, Ungarn und Osmanen bezeugt. Heute ist es ein bedeutender Verkehrsknotenpunkt im Transitverkehr.

SEHENSWERT
Die kulturhistorischen Schätze Vidins (55 000 Einw.) findet man gleich am Donauufer. An der **Festung Baba Vida** lassen sich die historischen Einflüsse auf die Stadt ablesen. Die Römer bauten die befestigte Siedlung „Bononia" auf eine keltische Siedlung. Die Kathedrale **Sv. Dimitar** (ul. Simeon Veliki) lohnt wegen ihrer Ikonostase einen Besuch. Eigenwillig präsen-

tiert sich das architektonische Ensemble auf dem Hauptplatz **Bdinzi** in der Nähe. Der Mix aus alten Bürgerhäusern und sozialistisch-futuristischen Plattenentwürfen ist recht skurril. Die 2013 fertiggestellte **Donaubrücke 2** zwischen Vidin und Calafat auf rumänischer Seite subventionierte die EU mit über einem Drittel der Gesamtkosten (ca. 106 Mio. Euro). Sie ist neben der „Brücke der Freundschaft" die zweite feste Verbindung zwischen beiden Ländern. Der Sinn des Prestigeobjekts ist aber fragwürdig, denn es fehlt an modernen Zufahrtswegen zu der Brücke; im weiten Umkreis gibt es keine Schnellstraßen.

AKTIVITÄTEN

Besonders beeindruckend sind die zahlreichen Höhlen des Landes. Viele davon sind Besuchern zugänglich, einige kann man allein besichtigen, andere nur im Rahmen von Führungen (www.bulgariatravel.org, www.bulgarien.org).

UMGEBUNG

Auf dem Weg zum ca. 50 km entfernten Belogradčik kann man in der **Magura-Höhle** prähistorische Höhlenmalereien bewundern (ca. 35 km westl.).

INFORMATION

Informationen über Bulgarien gibt es unter www.bulgariatravel.org. Empfehlenswerte Tourangebote hat die Zentrale für alternativen Tourismus BAAT (www.baatbg.org). In Vidin bietet das Tourist-Informations-Center Auskünfte zur Region (www.vidin-online.com).

❸ Svishtov (Swischtow)

Im bulgarischen Svishtov erreicht die Donau ihren südlichsten Punkt. Die Stadt verfügt über eine kleine Wirtschaftsuniversität und gehört zu Unrecht zu den vielen unbeachteten Orten am Ufer.

Tipp

UNESCO-Felsenklöster

Das Land ist fruchtbar, satt und grün am Ufer des Lom, Jagdgründe, bis heute. Unweit von Ruse (20 km südl.), im angrenzenden Naturpark Rusenski Lom, finden sich die gut erhaltenen Felsenklöster von Ivanovo aus dem 14. Jh. Seit 1979 UNESCO-Welterbe und nicht nur deshalb einzigartig. Die Malereien des Ivanovo-Klosters stammen von Künstlern der Schule von Veliko Târnovo. Eine Kirche ist offiziell zugänglich (tgl. 10.00–13.00 und 15.00–18.00 Uhr).

WEITERE INFORMATIONEN
Tourismus-Informationscenter Ruse

SEHENSWERT

Bei Svishtov befand sich die römische **Festung Novae.** Überreste dieser Zeit, Münzen und Skulpturen, lassen sich vor Ort betrachten. Unter der osmanischen Besatzung war der Ort Eigentum der Sultanin, was den Ausbau der Stadt und des Hafens zu einem bedeutenden Handelszentrum zur Folge hatte. Im 19. Jh. lagen bis zu 150 Handelsschiffe im Hafen von Svishtov und nahmen vor allem kostbare Ware wie Rosenbutter, Seide und Seidenraupensamen an Bord. Zudem florierte der Weinhandel.

INFORMATION

Gemeinde Svishtov, ul. Tsanko Tserkovski 2 5250 Svishtov, Tel. +359 631 6 08 54, www.svishtov.bg

❹ Ruse (Russe)

Die Stadt (ca. 166 000 Einw.) besitzt den größten und bedeutendsten Donauhafen in Bulgarien. Der Literatur-Nobelpreisträger Elias Canetti (1905–1994) wurde hier geboren.

SEHENSWERT

Im Donauhafen die funktionierende **Werft.** Die **Brücke der Freundschaft** nach Giurgiu macht Ruse zum wichtigen Handelsumschlagplatz. Eine Annäherung beider Länder hat die 1954 erbaute doppelstöckige Brücke aber nicht bewirkt. Vorbehalte gab es vor allem wegen der Gase, die von den Chemiewerken am rumänischen Ufer herüberwehten. Ausgangspunkt für einen Rundgang ist der Schiffsanleger, von dem aus die Statue der patriotischen **Baba Tonka** und das gleichnamige, dem bulgarischen Freiheitskampf gewidmete **Museum** zu erreichen sind. Wenige Hundert Meter weiter der **Platz der Freiheit** (pl. Svoboda) mit dem Freiheitsdenkmal (1906). Nur einige Schritte vom Platz entfernt das pathetisch-klobige **Pantheon der Helden der nationalen Wiedergeburt** (bul. Saedinenie), das **Opernhaus,** die benachbarte **Dreifaltigkeitskathedrale** am Dreifaltigkeitsplatz sowie am Ende der Fußgängerzone das **Palais Battenberg,** heute das Historische Museum (ul. Aleksandrovska). Einen kleinen Fußmarsch stadtauswärts liegt das **Geburtshaus Elias Canettis** (ul. General Gurko 13).

UMGEBUNG

80 km südl. das häufig besuchte Kreuzfahrten-Ausflugsziel **Veliko Târnovo** TOPZIEL. Die Stadt gehört allein durch ihre Lage in der Jantra zu den schönsten Bulgariens. Sie war Hauptstadt des Zweiten Bulgarischen Zarenreichs und Sitz vieler Klöster, die mit kunsthistorisch bedeutenden Fresken und Ikonostasen aufwarten. Bis heute ist Târnovo geistiges und kulturelles Zentrum. In der Stadt erhebt sich der **Zarevez,** ein Hügel, auf dem Festungsanlage und Patriarchenkirche thronen. Unter den Klöstern sind das **Preobraschenski-Kloster** (14./19. Jh.; 7 km nördl.) mit seinen Malereien sowie das gegenüber gelegene **Patriarchenkloster Sv. Troiza** (vermutl. 11. Jh.) hervorzuheben.

Felsenkloster von Ivanovo (ganz oben). Kirche im Felsenkloster in Basarbovo, ebenfalls in der Nähe von Ruse (oben)

Ganz in der Nähe **Arbanassi** mit reichen Malereien in der Christi-Geburt-Kirche und dem speziellen Baustil seiner Häuser. Auf dem Weg nach Galati passiert die Donau **Silistra.** In der Nähe liegt das **Reservat Srebarna,** das zum UNESCO-Weltnaturerbe gehört. In dem Reservat kann man u. a. brütende Pelikane beobachten (www.pelican-birding-lodge.com; für Touristen nur mit Sondergenehmigung zugänglich).

INFORMATION

Tourismus-Informationscenter Ruse, ul. Aleksandrovska 61, 7000 Ruse, Tel. +359 82 82 47 04, www.tic.rousse.bg

❺ Bukarest

Die Hauptstadt Rumäniens (Bucureşti), im Tiefland der Walachei, ist wirtschaftliches, kulturelles und industrielles Zentrum des Landes. Sie liegt zwar nicht an der Donau, ist aber häufiges Ausflugsziel auch von Kreuzfahrten.

SEHENSWERT

Unübersehbarer und unwiderstehlicher Anziehungspunkt trotz seiner alles andere als ruhmreichen Geschichte ist der **Präsidentenpalast** (Palatul Parlamentului, bis 1989 Palast des Volkes). Mit seinen 6000 Räumen ist er nach dem Pentagon in den USA das zweitgrößte administrative Gebäude der Welt. Da das Gebäude das rumänische Parlament beherbergt, werden Führungen nur nach Voranmeldung in geschlossenen Gruppen angeboten. Ganz in der Nähe, auf der Anhöhe des **Boulevard Unirii,** befindet sich die **Kathedrale des Patriarchats** gegenüber dem Sitz des rumänischen

Patriarchen. Verlässt man den Volkspalast in nördlicher Richtung, stößt man auf die einzige erhaltene **Karawanserei Hanul lui Manuc** aus dem 18. Jh. Eine der wichtigsten Straßen im Zentrum ist die **Calea Victoriei.** Hier reihen sich Palais und Villen aneinander, früher lag hier das Handelszentrum. An der Straße liegt das ehem. **Schloss** (Palatul Real); der monumentale **Palatul CEC,** in dem sich die Zentralbank befindet, schließt die Straße ab. Das **Romanische Athenäum** aus dem 19. Jh., heute ein Konzerthaus, steht wenige Schritte östl. des Schlosses. Der **Triumphbogen,** der als „Siegertor", als Denkmal für die Truppen im Ersten Weltkrieg errichtet wurde, bildet den Abschluss der **Soseaua Kiseleff.** Diese Chaussee säumen Jugendstilvillen, die heute wie zur Zeit ihres Baus vor allem diplomatische Vertretungen beherbergen. Westl. der Calea Victoriei liegt der große Volkspark **Cişmigiu.** Über das riesige Angebot an Restaurants, Bars und Diskotheken informiert man sich am besten vorab über das Internet: www.sapteseri.ro, www.inyourpocket.com/romania/bucharest.

MUSEEN
In einem Teil des Schlosses ist das **Kunstmuseum** untergebracht (Calea Victoriei 49–53; Mi. bis So. ab 10.00/11.00 Uhr); es präsentiert Ikonen, aber auch europäische Kunst verschiedener Epochen. In der Nähe des Triumphbogens versammelt das **Dorfmuseum** im Herăstrău-Park verschiedene Epochen und Architekturen ländlichen Lebens in einer übersichtlichen Freilichtausstellung (Sos. Kiseleff 28–30; Di. bis Sa. 9.00–19.00, Mo. bis 17.00 Uhr).

INFORMATION
Info Tourist Center, P-ta Universitatii Underpass (Platz der Universität, unterirdische Passage zwischen Universität und Nationalmuseum), www.tourism-bucharest.com; Vorabinfos beim Rumänischen Touristenamt (s. Drobeta Turnu Severin), www.turism.ro

6 Galaţi

Galaţi, 1445 erstmals erwähnt, ist mit rund 250 000 Einw. die fünftgrößte Stadt des Landes. Der kombinierte Donau-See-Hafen ist der bedeutendste Binnenhafen Rumäniens.

SEHENSWERT
Hat man sich erst einmal durch die hässlichen Plattenbauviertel gequält, überrascht die Stadt im historischen **Zentrum** mit zahlreichen repräsentativen Gebäuden aus der Mitte des 19. Jhs. Seit 1974 ist Galaţi Universitätsstandort (www.ugal.ro). Der 1978 eingeweihte **Fernsehturm** (150 m; Drehrestaurant auf 86 m) vermittelt einen eindrucksvollen Blick über die Donau auf ihrer letzten Schleife in Richtung Delta. Das andere Ufer ist nur über zwei Fähren zu erreichen (ca. alle 20 Min.).

INFORMATION
Rumänisches Touristenamt (s. Drobeta Turnu Severin)

Genießen   Erleben   Erfahren

Bulgarische Unterwelten

Es sind Galerien des Untergrunds und Refugien der Vorzeit. Die Natur erschafft die Kunstwerke der Höhlen, der Mensch nutzt sie, bis heute. Die Magura-Höhle und die Ledenika-Höhle gehören zu den größten und eindrucksvollsten Unterwelten Bulgariens.

Über die genaue Anzahl lässt sich streiten, aber man spricht von mehr als 4000 unterirdischen kleineren und größeren Wandelhallen, die über die Zeit eine regelrechte bulgarische Höhlenwelt formten. Dabei gilt der Norden des Landes um Vratza und Montana als ein bedeutendes Zentrum begehbarer Höhlen im Land.

Die Ledenika-Höhle birgt bis in die späten Sommermonate Eis. Daher auch der Name – Ledenika heißt „Gletscher". Die etwas wärmere Magura-Höhle in der Nähe von Belogradčik ist wegen der in der frühen Bronzezeit mithilfe von Fledermauskot angefertigten Wandzeichnungen interessant. Sie zeigen Jagd- und Fruchtbarkeitsriten sowie einen Sonnenkalender, der vom erst Jahrtausende später eingeführten gregorianischen Kalender nur um einen Tag abweichen soll. In mehreren Hallen sind auf insgesamt 2500 Meter Länge teils bizarre Steinskulpturen zu betrachten.

Zum anderen bieten einige Hallen besondere Schätze: nämlich Lager des in der Nähe gekelterten Weines und Sektes. Außerdem gibt die Philharmonie Vidin gelegentlich klassische Konzerte in der Höhle.

Weitere Informationen

Man kann die Ledenika-Höhle und die Magura-Höhle individuell besuchen. Dazu bedarf es keiner speziellen Ausrüstung, allerdings empfehlen sich warme Kleidung und festes Schuhwerk. Weiteres unter **www.bulgaria travel.org** und **www.bulgarien.org**

Jahrtausendealte, mit Fledermauskot gezeichnete bronzezeitliche Malereien machen die Magura-Höhle in der Nähe von Belogradčik zu einem faszinierend-geheimnisvollen Ort.

Die große Auflösung

Ungezählte Kanäle durchziehen das Donaudelta, breite wie schmale. Wälder, Dünen und Schilf behaupten sich zwischen den Wasserstraßen und Seen. Angler kommen hier auf ihre Kosten, für Vogelbeobachter ist das Delta mit seiner Vielfalt an Arten ein Paradies. Im Herbst ziehen Einheimische mit Booten, die mit Trauben beladen sind, übers Wasser. „Das Delta", schreibt Claudio Magris, „ist die große Auflösung; Wasserläufe, Flüsse und Seitenarme verzweigen sich, gehen ihre eigenen Wege …"

Das Mündungsgebiet der Donau ist ein verzweigtes Netz aus Flussarmen und Seen, Wäldern, Sümpfen, Schilfinseln, Marschland und Dünen.

Nur mit dem Schiff erreichbar ist das nicht ans Straßennetz angeschlossene Sulina, die einzige Stadt im rumänischen Teil des Donaudeltas. Die Abbildungen zeigen im Uhrzeigersinn den Leuchtturm von Sulina, den „Kilometer null", ein traditionelles Pferdegespann und den ehemaligen Sitz der Donaukommission.

Fortbewegung der feuchten Art: eine der vielen Wasserstraßen in Sulina

"Das Schiff gleitet
über das Wasser, das
Schilf weicht an den
Bordwänden zurück;
ein Kormoran, der die
Flügel ausgebreitet hat,
um sie zu trocknen,
zeichnet sich von
seinem Baum aus gegen
den Himmel ab wie
ein kleines Kruzifix."

Claudio Magris

Die Donau rückt die Ukraine in eine ganz große Nähe", schreibt Juri Andruchovic, einer der bekanntesten ukrainischen Gegenwartsautoren. Geografisch ist diese Nähe unwiderlegbar. Mit der Erweiterung der EU ist die Ukraine mit der Donau direkter Nachbar des politischen Europas.

Standortbestimmung
"Links und rechts am Ufer sehe ich Weiden…", gab der Tourist, der sich mit seinem Boot im Delta verirrt hatte, seinen Standort an – ein Hinweis, der die Suche nach ihm nicht einfacher gestaltete. Denn die vielen Kanäle werden zu gut zwei Dritteln von Weiden gesäumt. Das Delta ist ein eigener, schwer fassbarer Organismus. Zahlreiche Wasseradern speisen das Gebiet, das zu siebzig bis achtzig Prozent zeitweise oder ganz unter Wasser liegt. Es beherbergt unzählige Pflanzen- und weit mehr als 3000 Tierarten, darunter rund 300 verschiedene Vogelarten und noch dreißig unterschiedliche Fischfamilien. Das sind die Fakten, auf denen die Zukunft des Deltas gebaut wird. Die Zukunft als UNESCO-Biosphärenreservat und als Ziel eines behutsamen, ökologischen Tourismus, der zumindest schon auf dem Papier besteht. Erste Erfolge sind bereits zu verbuchen: Große Flächen, die unter

dem Regime Ceaușescus zu Agrarland umfunktioniert werden sollten, wurden inzwischen wieder renaturiert.

Die „alte" Donau
Zwar speist die Donau das Delta mit ihrem Wasser, von „Donau" sprechen hier jedoch nur noch wenige. Lediglich die beiden Halbbögen am Sulina-Kanal mit dem Fischerort Mila 23 in ihrem Scheitelpunkt nennt man die „alte" Donau. Namen wie „Sturm-See" (Lacul Furtuna) oder „Hühner-See" (Lacul Puiu) bezeichnen die Gewässer, auch Vornamen von ortsansässigen Fischern wie „Isac" oder „Chiril" finden Verwendung. Drei große Kanäle durchziehen das Gebiet, dessen Nabel Tulcea als Sprungbrett in die Welt gilt: im Norden der Chilia-Kanal, im Süden der Kanal Sfântu Gheorghe; dazwischen der Sulina-Kanal, die Hauptverkehrsader, vor allem für den Schwerverkehr. Diese kürzeste Verbindung ins Schwarze Meer wird in Seemeilen gemessen.

Der Chilia-Kanal ist eine schwer zu überwindende Grenze. Für Individualtouristen erfordert es gute Beziehungen und einen prallen Geldbeutel, um von rumänischer Seite aus mit dem Schiff in die Ukraine zu gelangen. Aber auch das wird sich wahrscheinlich im Lauf der Jahre ändern.

Unterwegs in Letea: Hier leben noch Lipowaner – altgläubige orthodoxe Christen, die vor den russischen Glaubensreformen in das schwer zugängliche Gebiet der Norddobrudscha flohen.

Ein Fischer in der Nähe von Mila 23, einem nördlich des Sulina-Arms mitten im Sumpf gelegenen, nach der 23. Flussmeile benannten Fischerdorf.

Eines der typischen Fischerhäuser im einsam im Delta gelegenen Letea

Alltagsleben in Letea: Die (sommerliche) Idylle trügt – im Winter sind etliche Dörfer in den entlegenen Regionen des Deltas von der Außenwelt weitgehend abgeschnitten.

Traditionen

Special

Die Lipowaner

Im 17. Jahrhundert flohen die Lipowaner aus Gründen des Glaubens aus Russland.
Erste Ansiedlungen der Flüchtlinge in Rumänien stammen von 1724. Heute findet man nur noch wenige, die nach den strengen Riten der „Altgläubigen" leben. Die Abwanderungsrate ist konstant hoch, es gibt bereits Erhebungen über neue Lipowanersiedlungen in Norditalien und Nordspanien. Bis man vom „letzten" Lipowaner spricht, wird es wohl noch einige Zeit dauern. Aber langbärtige Fischer, die sich in ihrer Kutte von der Frau durch das Delta rudern lassen, gehören der Vergangenheit an. Auch die Lipowaner haben sich der Zeit angepasst. Und die, die nicht mehr als Fischer in den traditionellen Lehmhütten leben, arbeiten als Boots- oder Touristenführer.

Das Leben im Delta
Adrian ist Fischer, wie sein Vater und dessen Vater vor ihm. Fischfang im Delta ist knochenharte Handarbeit. Während der Vater noch immer allmorgendlich seine Netze in den Kanälen auswirft und alltäglich um die Mittagszeit seinen Fang zu den Sammelbooten der Fischfabrik bringt, verdient Adrian sein Geld heute anders, vielleicht zeitgemäßer. Er hat seinen Lebenstraum zum Beruf gemacht und führt Fischer, Vogelkundler und Touristen zu Orten, die nur ein Einheimischer findet. Einer, der sich auskennt mit dem Gewässer, dem Wetter, den Jahreszeiten. Und mit den Sammelplätzen der interessanten Vogelarten, wie bei-

ben in der Region quasi einfriert. Dann sind lediglich die Hauptarme frei befahrbar und die Dörfer in den entlegenen Regionen weitgehend von der Außenwelt abgeschnitten. Ganze Kommunen verfallen dem kollektiven Alkoholismus. In Letea erfährt man beispielsweise, dass der Brunnen im Winter zu weit sei, um Wasser zu holen. Deshalb bevorzugt man den neuen Wein vom Herbst. Spätestens im Frühjahr sind alle Hausweinvorräte aufgebraucht.

Froschkonzerte und Hightech
Die Natur ist das Potenzial des Deltas, sowohl auf ukrainischer als auf rumänischer Seite. Dabei erfreut sich der

Fischfang im Delta ist knochenharte Handarbeit.

spielsweise der Pelikane. Zudem betreibt Adrian ein kleines Reet-Unternehmen und erntet jeden Winter das Schilfgras für Baumärkte und Hausbauer in ganz Europa. Allerdings nicht mit Maschinen – Adrian erntet mit der Hand. Was sich dem Touristen als einmaliges Naturidyll darstellt, ist im Alltag ein absolutes Extrem. Vor allem im Winter, wenn das Le-

Angeltourismus der größten Nachfrage. Vor allem im Spätsommer und im Frühherbst trifft man daher auf ganze Heerscharen von Hightech-Fischern vom Festland, die mit ihren Sonargeräten und der schweren Ausrüstung im neuesten Camouflagedesign neben den traditionell arbeitenden Fischern wie Außerirdische wirken. Man dröhnt mit

Im Boot auf Entdeckungstour: bewegt sich da etwas?

Das Donaudelta ist ein Paradies für
Ornithologen.

Ruhig und friedlich ist es im Delta, ein leiser Wind kräuselt das Wasser;
nur ab und zu hört man in der Ferne den Flügelschlag eines Vogels.

schnellen Motorbooten durch die Kanäle und achtet dabei nur selten auf die „Umwelt".

Ganz anders die sogenannten Vogelkundler. Selbst wer kein Ornithologe ist, ist vom Plätschern und Springen der Fische in den Kanälen, den lautstarken Konzerten der Frösche und Kröten bei Einbruch der Dämmerung und dem eleganten Flug der Pelikane über den Seen fasziniert. Mit dem Biosphärenschutzprogramm wurden Sperrzonen eingerichtet, die dem Erhalt der Vogelkolonien und der Ansiedlung neuer Arten dienen sollen. In der Realität werden die Auflagen nicht wirklich eingehalten. So verwandelt sich so mancher „Ranger", der für die „streng kontrollierten Areale" zuständig ist, schnell einmal in einen exklusiven Touristenführer.

Historische Wurzeln

Viele Tausend Jahre hinterließen durchaus ihre Spuren – geologisch, aber auch zivilisatorisch. Herodot verzeichnet in seinen Historien sieben Donauarme, bei Plinius dem Älteren ergießen sich sechs Kanäle in das damals noch als „ungastlich" bezeichnete Schwarze Meer. Die Festung Enisala ist ein erratischer Zeitzeuge. Ebenso das antike Istria mit seinen Thermenanlagen.

Das Donaudelta erhielt seine Küstenlinie durch Dünen aus dem Meer, die heute noch zu erwandern sind. Die ehemalige Küstenlinie erstreckt sich von Letea bis Caraorman. Hier verläuft auch ungefähr die Linie zwischen dem „braunen" Wasser der Donau mit dem üblichen Weidenbewuchs und dem „schwarzen" Wasser, das von den Schilfstengeln herrührt. Die Wasserqualität bessert sich im Donaudelta dabei messbar. Wie ein Filter reinigen die vielen Seen und ihre Fauna und Flora den Strom, der täglich Tonnen an Schwebstoffen in das Ökosystem transportiert. Man kann nur hoffen, dass das empfindliche ökologische Gleichgewicht dieses Naturphänomens der Belastung noch lange standhält.

DIE „OSTERWEITERUNG" DES DONAU-RADWEGS

Auf zu neuen Ufern!

Seit der Eröffnung der ersten Teilstrecken zu Beginn der 1980er-Jahre erfreut sich der Donau-Radweg, der erste europäische Urlaubsradwanderweg, ungebrochener Beliebtheit. Mit der „Osterweiterung" nach Serbien sowie bald auch nach Rumänien und Bulgarien sind nun Pioniere und Abenteurer gefragt.

In Rumänien und Bulgarien ist die Ausschilderung noch mangelhaft – man sollte also abenteuerlustig sein.

Im Frühsommer surrt es am Fluss. Aber das Geräusch wird nicht etwa von Mücken verursacht, es sind Hunderte von Radnaben, die an der Donau flussauf- und flussabwärts schnurren. Der Donauradweg gehört zu den beliebtesten Fernradwanderwegen in Europa. Seine Entstehung ist eng verknüpft mit der Gründung der „ARGE Deutsche Donau" 1988. Uly Koch, Gründungsmitglied der ARGE, merkt an, dass „vor über zwanzig Jahren das Radfahren noch kein so selbstverständliches Thema war wie heute". Die Gründung eines Radwegs war ein Wagnis. Aber das Risiko hat sich gelohnt. Von der ersten Radwanderkarte, die mit 10000 Stück in der Erstauflage gedruckt wurde, waren bereits nach fünf Monaten alle Exemplare vergriffen. Und der Radweg wird weiter ausgebaut, flussabwärts in Richtung Donaudelta.

Pioniere auf zwei Rädern

Nach der politischen Wende dauerte es nicht lange, bis sich die ersten Touristen auf dem Drahtesel nach Budapest aufmachten. Auch dieser Teilabschnitt ist mittlerweile fest etabliert. Dahinter jedoch beginnt quasi „Neuland" für den Radler. Wobei dieses Neuland einen ganz beträchtlichen Uferabschnitt der Donau darstellt: Von der kroatischen Grenze sind es noch 1433 Stromkilometer bis zur Mündung ins Schwarze Meer.

In Richtung „Kilometer null"

Dass u. a. dank der Deutschen Gesellschaft für Internationale Zusammenarbeit (GIZ) seit 2009 auch in Kroatien und Serbien entlang der Donau gut radeln ist, beschreibt unser Aktiv-Tipp auf Seite 85. Anfangs wurde naturgemäß geunkt. So wird etwa bemängelt, dass der serbische Abschnitt zwar ausreichend beschildert sei, mit dem Angebot an den Ufern der deutschen oder österreichischen Donau aber bei Weitem nicht mithalten könne. Und man braucht tatsächlich etwas Mut und Ausdauer, um etwa die vielen Tunnel und die steilen Passagen am Eisernen Tor auf der serbischen Seite zu überwinden. Dafür wird man mit den eindrucksvollsten Landschaftsansichten belohnt, die die Donau zu bieten hat.

Rumänien und Bulgarien, seit 2007 Mitglieder der EU, fangen hingegen erst langsam an, sich dem Sektor „Radtourismus" zu öffnen. Das Fahrrad als aktiv entspannendes Fortbewegungsmittel ist hier mit Ausnahme des Mountainbiking in Gebirgsregionen noch eher eine Randerscheinung.

In der Gruppe fährt es sich eindeutig am besten. Und unterwegs muss auch mal Zeit für ein Erinnerungs-foto sein.

Das 2010 in Belgrad gegründete, von der GIZ geförderte Donaukompetenz-zentrum (DCC) will neben vielen an-deren Tourismusprojekten den Rad-weg bis zum Delta ausbauen.

Derzeit kann man hier aber noch Pi-onier sein. Die Route über vorhandene Straßen und Wege ist in Bulgarien nur teilweise, in Rumänien noch gar nicht ausgeschildert. Hier teilt man die Straße oft eher mit Pferdefuhrwer-ken als mit Autos und muss, mangels Unterkünften, auch auf Übernachtun-gen im Zelt eingerichtet sein. Aben-teuerlustige mit entsprechender Aus-rüstung und Erfahrung werden die Tour Richtung „Kilometer null" aber als einzigartiges Erlebnis genießen.

Radeln bis zur Mündung

Am sichersten fährt man mit Package-Angeboten, bei-spielsweise mit biss-Reisen.
www.biss-reisen.de

Eine Tourenbeschreibung bietet z. B. der Esterbauer-Verlag in seiner „bikeline"-Reihe. Der Band „Donau-Radweg 5" führt von Belgrad bis ans Schwarze Meer.
www.esterbauer.com

Das Donaukompetenzzentrum (Danube Competence Cen-ter) informiert im Internet ausführlich über seine Arbeit.
www.danubecc.org

Ein gigantischer Mikrokosmos

*Wie in einer mittleren Kleinstadt ziehen sich die Kanäle um die drei „Hauptstraßen"
des Deltas. Touristen schippern heute gemütlich in kleinen Booten oder mit
Hightechausrüstung durch das Naturreservat, durch die Schilflandschaften und die
dichten Wälder.*

❶ Vylkove (Wilkowo)

Vylkove bedeutet „Gabel". Das Örtchen ist Zentrum eines eigenen kleinen Deltas und liegt auf ukrainischem Gebiet. Fußgängerbrücken über die Kanäle werden von Hand hochgeklappt, an den Seiten geht man auf Holzstegen.

SEHENSWERT

Das große Dorf entstand in der ersten Hälfte des 18. Jhs. Vor allem Lipowaner, die als religiöse Flüchtlinge Refugien im Donaudelta suchten, gründeten Vylkove. Bereits in Reiseführern der 1920er-Jahre wird der Ort als das „kleine Venedig der Ukraine" bezeichnet. Derartige

Grandiose Lage: die Festung Enisala bei Babadag (oben). Weintransport per Boot bei Vylkove (rechts oben). Unterwegs im Delta bei Tulcea (rechts unten)

Vergleiche hinken naturgemäß; die einzige Gemeinsamkeit, die Vylkove und Venedig haben, sind die **Kanäle,** die das Dorf durchziehen. Vylkove ist beliebter Ferienort bei Ukrainern und Russen, die auf nahe gelegenen Touristenbasen vor allem fischen und feiern. Auch das Mikrodelta der Ukraine beherbergt eine **Pelikankolonie,** auch hier gibt es einen symbolischen **„Kilometer null"** an der Mündung ins Schwarze Meer. Diese Mündung wächst aber viel schneller als jene bei Sulina. Der sog. **Bystre-Kanal,** der von Vylkove aus auf ukrainischer Seite gegraben wird, könnte der letzte Kanal sein. Würden die Arbeiten fortgesetzt, die nach Intervention der EU offiziell eingestellt wurden, hätte dies verheerende Auswirkungen auf das Ökosystem des Deltas.

UMGEBUNG

Der **Chilia-Arm,** der Vylkove passiert, ist der wasserreichste und bildet die Grenze. Private Anbieter organisieren Ausflüge zum ukrainischen „Kilometer null" sowie in die Kanäle des ukrainischen Deltas. Vorsicht: Grenzgebiet!

Tipp

Im Delta übernachten

Unterkünfte im Delta können den Besuch unvergesslich werden lassen, so die Pension **Morena** am Ufer des Sfântu Gheorghe im Örtchen Murighiol. Komfortabel, mit einem Hauch von Rustikalität. Das Team um Sorin Florea organisiert alles, was das Delta zu bieten hat, zu erschwinglichen Preisen (Morena Mansion, 8816 Murighiol, Tel. +40 240 54 56 45, www.morena.ro). Das **Delta Nature Resort,** 17 km westlich von Tulcea, bietet 30 luxuriöse Villen am Ufer des Sees Somova sowie Ausflüge mit Schnellbooten, Katamaranen, Hubschraubern und Quads. Für Entspannung sorgen u. a. ein Pool, eine Sauna und ein Massageraum, für das leibliche Wohl Restaurants und Bars. Man hat direkten Zugang zu den Wasserwegen des Deltas (Tel. +40 737 50 76 83, http://deltaresort.com). In Sulina liegt die Pension **Jean Bart** direkt am Hauptanleger (50 €/DZ), in Sfântu Gheorghe bietet die Pension **Visconti** Unterkunft (Tel. +40 740 06 84 20; 50 €/DZ).

INFORMATION

Informationen zum ukrainischen Teil des Deltas gibt es von der Internationalen Kommission zum Schutz der Donau ICPDR: www.icpdr.org/icpdr-pages/ukraine.htm

❷ Izmajil (Izmail)

Izmajil (ca. 85 000 Einw.) erhielt seinen Namen von den Türken. Nach dem Ersten Weltkrieg sprach man es Rumänien zu, dann wurde die alte Feste wieder ins russische Reich eingegliedert. Seit 1991 gehört Izmajil zur Ukraine.

SEHENSWERT

Von der mittelalterlichen **Festung,** die die Osmanen errichteten, sind nur Erdwälle erhalten. Die Genueser hatten eine erste Festung zur Sicherung der Handelsroute vom Schwarzen Meer erbaut. Sehenswert im Zentrum ist vor allem das **Denkmal** für den russischen Kommandanten **Alexander Suworow,** der 1790 mit seinen Truppen die Osmanen besiegte. Zudem ist Izmajil der größte ukrainische Binnenhafen; es finden sich eindrucksvolle **Hafenanlagen** und Trockendocks.

INFORMATION
Tourismusbüro Izmajil, pr. Suworowa 62, 68600 Izmajil, Tel. +38 4841 2 22 25, www.ukraine.com/odessa-oblast/izmail

❸ Tulcea

Alle Kanäle beginnen in Tulcea. Hier ist das Zentrum des rumänischen Deltas, von hier aus starten alle Bootstouren und Exkursionen. Der Ort selbst ist eher von Industrie geprägt. Der Hafen mit seinen extravaganten Plattenbauten ist das repräsentative Gesicht der Stadt.

MUSEEN
Neben dem **Archäologischen Museum** (str. Gloriei; Mai–Sept. Di.–So. 10.00–18.00, sonst bis 16.00 Uhr), das u. a. Zeugnisse der Tulcea zugrunde liegenden griechischen Siedlung zeigt, ist das **Ethnographische Museum** (str. 9 Mai 4; Mai–Sept. Di.–So. 10.00–18.00, sonst bis 16.00 Uhr) einen Besuch wert.

Tipp

Antike Schätze …

… im Niemandsland, so ließe sich der Komplex Istria (Histria) umschreiben. Die griechische Handelskolonie, 657 v. Chr. gegründet, stieg schnell zu einem bedeutenden Handelszentrum auf. Die möglicherweise älteste Stadt auf rumänischem Territorium lässt auch heute noch erahnen, wie reich und schön das Leben hier am Sinoe-See einst gewesen ist. Leider ist das Museum der Anlage (Mi.–So. 8.00–20.00 Uhr, im Winter kürzer) nicht sehr reichhaltig bestückt – wertvolle Fundstücke der antiken Grabungsstätte finden sich im Archäologischen Museum in Constanța –, einen Besuch ist es jedoch allein schon wegen seiner Lage wert.

AUSFLÜGE
Für längere **Deltatouren** und geführte Touren ist man bei Ibis Tours in besten Händen. Das junge Team um Daniel Petrescu und Costica Vadineanu bietet persönlich zugeschnittene Angebote zu fairen Preisen und verfügt über viele Anlaufpunkte und Unterkunftsmöglichkeiten im Delta. Exkursionen in Englisch. **Vogelkundliche Touren** führen zu einer Vielzahl von Vogelarten (Ibis Tours, Dimitrie Sturdza Nr. 6, 820123 Tulcea, www.ibis-tours.ro).

UMGEBUNG
Ca. 20 km südl. von Tulcea liegt das beschauliche Städtchen **Babadag.** Viele der Einwohner sind türkischstämmig. Sehenswert ist die frisch renovierte Moschee Gazi Ali Pascha (str. Mihai Viteazul) aus dem 17. Jh. im Stadtzentrum. Ca. 10 km östl. von Babadag trifft man auf die **Festung Enisala,** die einen wunderschönen Blick auf den Razim-See erlaubt. Ca. 30 km südl. von Babadag, am Ufer des Sinoe-Sees, befindet sich die **Ausgrabungsstätte Istria.**

INFORMATON
Informationszentrum des Biosphärenreservats Donaudelta, str. Portului 34 a (Donauhafenkai), 820243 Tulcea, Tel. +40 240 51 89-24, -25, www.ddbra.ro (Das Informationszentrum ist die zentrale Anlaufstelle für alle Deltabesucher, die individuell auf Entdeckungsreise gehen. Die Internetseite nennt alle akkreditierten Agenturen und Unterkünfte).

❹ Crişan

Fast 7 km zieht sich Crişan als Aneinanderreihung von Wohnhäusern am Sulinaarm entlang.

SEHENSWERT
Crişan ist das touristische **Zentrum** im Herzen des Deltas, knapp 13 Seemeilen vor Sulina. Hier bieten viele einfache Pensionen ihre Dienste an, man kann auch privat in den Fischerhäusern unterkommen. Von hier aus starten die Exkursionen in die Dünen und den Wald von Caraorman und Letea. Der Ort beherbergt ein gutes **Informationszentrum** (Mai–Okt. Di.–Fr. 10.00–17.00, Sa./So. bis 14.00 Uhr).

AUSFLÜGE
Ca. 1,5 Std. mit dem Boot nordöstl. von Crişan erreicht man das Dorf **Letea.** Von dort aus geht es weiter mit dem Pferdewagen in den **Wald von Letea** und die **Sanddünen.** Ca. 1 Std. mit dem Boot südl. von Crişan liegt **Caraorman.** Hinter dem brachliegenden Dorf mit der Ruine einer nie fertiggestellten Glasfabrik liegt der **Wald von Caraorman,** der wie Letea ein naturgeschichtliches Phänomen ist.

Die orthodoxe Kirche in Sulina

Ebenfalls per Boot erreicht man den Fischerort **Mila 23.** Er liegt ca. 12 km von Crişan entfernt in den Flussschleifen der „alten Donau".

INFORMATON
Außenstelle des Informationszentrums neben dem Hotel Lebada, www.ddba.ro, www.turismdelta.ro

❺ Sulina

Der Leuchtturm von **Sulina** **TOPZIEL** ist das vorläufige Ende der Donau. Auch wenn von der einstigen Größe als genuesischer, byzantinischer oder türkischer Seehafen heute nicht mehr viel zu sehen ist, bietet Sulina einen schönen Einblick in die Geschichte des Deltas.

SEHENSWERT
Alte **Hafenanlagen** und **Speicherhäuser** und eine einst schicke **Hafenpromenade** sowie der ehemalige **Sitz der europäischen Donaukommission** am Kai sind bröckelnde Zeugen einstigen Ruhmes und der Bedeutung, die Sulina vor allem im 19. und Anfang des 20. Jhs. genoss. **„Kilometer null"** ist ein unscheinbares Schild gegenüber dem ehemaligen Sitz der Donaukommission. Im alten **Leuchtturm** von 1902 ist in einer kleinen Ausstellung (Di.–Sa. 10.00–18.00 Uhr) die einstige Größe Sulinas hinter Glaskästen festgehalten.

INFORMATION
Büro Str. I-a, Tel. +40 240 51 89 45, www.ddbra.ro

❻ Sfântu Gheorghe

Das Dorf ist der Endpunkt des längsten und kurvenreichsten Donauarms des Deltas.

SEHENSWERT
Auch Sfântu Gheorghe ist Fischerdorf, aber etwas malerischer als Sulina. Am **Strand** der Küste kann man im Schwarzen Meer baden.

„Kilometer null" ist ein unscheinbares Schild gegenüber dem ehemaligen Sitz der Donaukommission in Sulina.

UMGEBUNG

Der südliche Delta-Arm, der **Kanal Sfântu Gheorghe,** schlängelt sich weitgehend naturbelassen der Küste zu. Auf dem Weg nach Sfântu Gheorghe passiert man **Uzlina.** Hier liegt die ehemalige Ferienresidenz Ceaușescus.

INFORMATION

Rumänisches Touristenamt, Reinhardtstr. 47 10117 Berlin, Tel. +49 30 60 26 46 22 www.rumaenien-tourismus.de

7 Constanţa

Händler aus Milet gründeten im 6. Jh. v. Chr. diese Handelsstadt an der westl. Schwarzmeerküste. Vom griechischen Tomis wurde es unter den Römern zu Constantiniana, später türkisch.

SEHENSWERT

Neben Industriehafen und Raffinerie findet man hier, in **Mamaia,** einem Seebad im Norden der Stadt, die teuersten Sandstrandkilometer Rumäniens. Altehrwürdige Gemäuer wie das ehemalige **Casino** an der Hafenpromenade oder freigelegte **Grundmauern** des antiken Tomis treffen auf Plattenbauten. Stadtplanerisch erscheint Constanţa als einzige Katastrophe. Von historisch großem Wert sind die Ausstellungsstücke aus Histria und anderen Fundorten im Donaudelta, die das **Archäologische Museum** (p. Ovidiu 12; Juni–Sept. tgl. 9.00–20.00, sonst bis 17.00 Uhr) zeigt.

UMGEBUNG

Das Tropaeum Traiani – ein Wiederaufbau des Monuments, das Trajan anlässlich des Sieges über die Daker 106–109 errichten ließ – liegt ca. 70 km westl. von Constanţa bei **Adamclisi.**

INFORMATION

Tourist Information Centre, Bd. Alexandru Lapusneanu nr. 185 A, Tel: +40 241 55 50 00, www.ccina.ro

Tipp

Versteckte Köstlichkeiten

Im Dörfchen **Mila 23** inmitten hübscher alter Fischerhütten, wartet Vasilica mit einer Spezialität auf: der Fischpastete im eigenen Mantel. Mila 23 ist eine Ansiedlung, bei der man sich fragt, wie man hier überleben kann. Und anders als z. B. in Crişan oder Maliuc steckt der Tourismus hier noch in den Kinderschuhen. Doch Mila 23 bietet versteckte Köstlichkeiten, wie man an der Spezialität von Vasilica eindrucksvoll nachvollziehen kann. Zu finden etwa 250 m rechts vom Hauptanleger.

Genießen   Erleben   Erfahren

Schwimmende Hotels

DuMont Aktiv

Das Delta ist Refugium und Lebensraum für zahlreiche geschützte Arten. Viele von ihnen bekommt man dennoch kaum zu sehen, wenn man auf einem Ausflugsdampfer durch die Kanäle tuckert. Anders ist das bei dem Besuch eines schwimmenden Hotels.

Auf den ersten Blick tuckert der eckige Schiffskasten des „Floating Hotels" ähnlich durch die Gegend wie so viele andere Ausflugsboote hier. Doch er hat ein Ziel, und das liegt in einem der Seitenarme, ganz in der Nähe einer Pelikankolonie. Hier wird der Anker geworfen, Ruhe kehrt ein, und man hört fast nur noch das leise Plätschern des Wassers gegen den unförmigen Rumpf ...

Die Gäste des Floating Hotels wohnen mitten in der Wildnis und brauchen dennoch auf keinerlei Komfort zu verzichten. Drei Mahlzeiten am Tag, geräumige Kabinen, frische Bettwäsche, Duschen an Bord, ein kleines Beiboot für Ausflüge in die schmalen verwunschenen Seitenarme der Kanäle, professionelle Naturparkführer, ein Sonnendeck, eine Bar – kurz: der ideale Urlaub für Naturfreunde, die sich ungern in Schutzzelte begeben oder mit Esbit-Kochern und Mücken herumschlagen.

Die Schiffe sind mit sehr leisen Generatoren ausgestattet, und so bietet das – allerdings etwas kostenintensivere – schwimmende Hotel bei allem Komfort einzigartige Ein- und Ansichten des Biosphärenreservats Donaudelta. Etwa Pelikane aus nächster Nähe. Garantiert!

Weitere Informationen

Professionelle Touren ins Delta – auch auf schwimmenden Vier-Sterne-Hotels für maximal zwanzig Gäste und bis zu zehn Tage – bietet beispielsweise Ibis Tours.

Ibis Tours, Str. Dimitrie Sturdza No. 6, 820123 Tulcea, Tel. +40 240 51 27 87, **www.ibis-tours.ro**

Unterwegs mit dem Hotelschiff im Delta – hier bietet sich nicht nur eine bequeme Möglichkeit, die Landschaft kennenzulernen, auch die Tierwelt lässt sich aus nächster Nähe fotografieren.

Hausboot im Donaudelta (oben). Unterwegs mit einem Kreuzfahrtschiff (rechts oben). Immer im Blick: das Donauufer (rechts unten)

Service

Keine Reise ohne Planung. Auf den folgenden Seiten haben wir für Sie Wissenswertes und wichtige Informationen für Ihren Urlaub an der Donau zusammengestellt.

Anreise

Mit dem Schiff: Passau ist der zentrale Hafen für die Passagierschifffahrt auf der Donau. Viele Veranstalter bieten günstige Anreisekonditionen mit Bus oder Bahn. Die angebotenen Flussreisen unterscheiden sich in zahlreichen Punkten. Von Schiffsreisen der einfachen Kategorie bis hin zum Luxusliner, von Wander- oder Fahrradtouren bis hin zu kulinarischen Reisen oder Golftouren wird ein riesiges Tableau an unterschiedlichen Themenfahrten geboten. Aufgrund ihrer Ausstattung und ihres Angebots gehört die A-ROSA-Flotte zu den Anbietern, die in den letzten Jahren die Standards der Donauschifffahrten setzte.
Die wichtigsten Kreuzfahrtveranstalter sind:

A-ROSA Flussschiff GmbH,
Loggerweg 5, 18055 Rostock,
Tel. +49 381 2 02 60 20, www.a-rosa.de
nicko cruises Flussreisen GmbH,
Mittlerer Pfad 2, 70499 Stuttgart,
Tel. +49 711 24 89 80 44, www.nicko-cruises.de
TransOcean Kreuzfahrten GmbH,
Rathenaustr. 33, 63067 Offenbach, Tel.
+49 69 8 00 87 16 50, https://transocean.de
Donauschiffahrt Wurm + Köck,
Ostengasse 3, D-93047 Regensburg, Tel.
+49 941 50 27 78 80, www.donauschiffahrt.de
Phoenix Reisen GmbH,
Pfälzer Straße 14, 53111 Bonn, Tel.
+49 228 9 26 00, www.phoenixreisen.com

Mit dem Fahrrad: Der Donauradweg zählt zu den bekanntesten Radwanderwegen in Europa. Das Versorgungsnetz mit Unterkünften und Servicestationen ist vor allem in Deutschland und Österreich so gut wie lückenlos ausgebaut.

Aber auch bis Budapest lässt es sich mittlerweile sorglos und angenehm umsorgt radeln. Seit 2005 nimmt sich die Gesellschaft für Technische Zusammenarbeit (GTZ), die Anfang 2011 in die Gesellschaft für Internationale Zusammenarbeit (GIZ) überging, des Radwegausbaus bis ins Donaudelta bzw. Constanța innerhalb eines Förderprojekts für regionale Entwicklung an. Die bisherige Umsetzung kann sich sehen lassen. Vor allem in Kroatien und Serbien ist man rege bemüht, dem Radler ein gut ausgebautes Netz an Unterkünften und Versorgungsstationen anzubieten. Die Streckenführung ist dabei noch nicht auf dem Niveau, das sie beispielsweise in Deutschland oder Österreich hat. Teils fährt man auf engen, kurvigen Landstraßen. Autofahrer nehmen nur selten Rücksicht auf die Fahrradfahrer.

Wohnen am Strom

Hotel Orphée, Untere Bachgasse 8, 93047 **Regensburg,** Tel. +49 941 59 60 20, www.hotel-orphee.de. DZ ab 110 €. Stil, Individualität und Ruhe inmitten der Altstadt.
Rotel Inn, Donaulände, Haissengasse 10, 94032 **Passau,** Tel. +49 851 9 51 60, www.rotel-inn.de. EZ 25 €. Funktionale Minizimmer in architektonisch einzigartigem Bau, Nähe Hbf.
Hotel Zum Schwarzen Bären, Herrenstraße 9–11, 4020 **Linz,** Tel. +43 732 77 24 77, www.linz-hotel.at. DZ ab 130 €. Im Hotelrestaurant werden Gerichte der österreichischen Küche mit mediterranen Einflüssen serviert. Dachterrasse mit Blick über Linz.
Hotel & Gasthof Klinglhuber, Wiener Straße, 3500 **Krems,** Tel. +43 2732 8 69 60, www.klinglhuber.com. DZ. ab 88 €. Direkt am Beginn der Kremser Altstadt gelegen.
Hotel No. 16, Partizanska 16 a, 81103 **Bratislava,** Tel. +421 2 54 41 16 72, www.hotelno16.sk. DZ ab 70 €. Schick, luxuriös und schnuckelig.

Hotel Klastrom, Zechmeister u. 1, 9021 **Györ,** Tel. +36 96 51 69 10, www.klastrom.hu. DZ ab 59 €. Stilvolles Schlosshotel.
Hét Vezér Apartmanhotel, Táncsics M. U. 34., 2900 **Komarom,** Tel. +36 34 54 07 20, www.hetvezerapartman.hu. DZ ab 65 €. Direkter Zugang zum nahegelegenen Thermalbad.
Hotel Gellért, Szent Gellért tér 1, 1111 **Budapest,** Tel. +36 1 8 89 55 00, www.danubiushotels.com. DZ ab 98 €. Traditionshaus mit berühmtestem Thermalbad Budapests.
Arta boutique Hotel, ul. Heroja Pinkija 12, 21000 **Novi Sad,** Tel. +381 21 6 80 45 00, www.boutiquehotelarta.rs. DZ ab 48 €.
Hotel Moskva, Terazije 20, 11000 **Beograd,** Tel. +381 11 3 64 20 69, www.hotelmoskva.rs. DZ ab 85 €. Haus mit dem Charme des frühen 20. Jahrhunderts.
Hotel Anna Palace, ul. Knyazheska 4, 7000 **Ruse,** Tel. +359 82 82 50 05, www.annapalace.com. DZ ab 50 €. Das schönste Hotel der Stadt.

Eigenwillige Architektur: Rotel Inn in Passau

Zu den schönsten Streckenabschnitten gehört der Đerdap Nationalpark, sowohl auf serbischer als auch auf rumänischer Seite. Auf den Tunnelstrecken ist aber höchste Vorsicht geboten! In Bulgarien und Rumänien begibt man sich am besten mit geführten Touren auf die Radreise. Hier verlässt die Route sehr häufig das Donauufer. Die Infrastruktur ist noch relativ dürftig, sollte sich aber durch die Arbeit des Donaukompetenzzentrums (DCC) in den nächsten Jahren ebenfalls gut entwickeln (s. S. 111). Informationen, Unterkunftsmöglichkeiten und Karten unter www.danube.travel (DCC in Belgrad, Tel. +38 111 6 55 71 16). Donauradweg Deutschland: www.donau-radweg.info; Donauradweg Österreich: www.donauradweg.at

Mit dem Auto: Mautpflichtig sind Autobahnen und z. T. Überlandstraßen in allen Donauanrainerstaaten außer Deutschland. Vignetten sind jeweils an den Grenzübergängen und größeren Tankstellen in Grenznähe zu erwerben. Der Zustand der Straßen in Bulgarien, Moldawien und der Ukraine ist zumindest teilweise gewöhnungsbedürftig. Vor allem die Abschnitte in der Ukraine zwischen Izmajil, Kilia und Vylkove sind stark in Mitleidenschaft gezogen und oft in einem abenteuerlichen Zustand. Im Falle einer Panne wendet man sich an die großen Automobilclubs oder Versicherungsgesellschaften. Rückhol- wie Abschleppdienste funktionieren meist reibungslos. Längere Wartezeiten müssen jedoch einkalkuliert werden. Man kann sich aber auch an die hilfsbereiten kleinen Werkstätten dort wenden. Reparaturkosten sind nicht hoch, und die meisten Mechaniker geradezu Spezialisten ihres Faches.

Mit Bus und Bahn: Die Anreise nach Passau erfolgt meist mit der Bahn. Reisende, die nur eine Teilstrecke mit dem Schiff absolvieren möchten, informieren sich bei www.bahn.de über die Reisemöglichkeiten. Das Drehkreuz für die östliche Donau ist Belgrad. Der Transbalkan-Zug verbindet tgl. die Strecke Thessaloniki–Budapest über Sofia, Ruse, Bukarest. Infos zu Langstreckenbussen bei www.eurolines.de.

Auskunft

Ständig aktualisierte Basisinformationen über die Donau-Anrainerstaaten bietet das Auswärtige Amt (www.auswaertiges-amt.de). Über

evtl. Ausnahmeregelungen informiert man sich am besten bei den ständigen Vertretungen der Länder oder den Konsulaten. Serbien, Moldawien und die Ukraine gehören nicht der EU an. Die folgenden Informationsportale dienen vor allem touristischer Information. Individualreisende informieren sich vor Reiseantritt bei den jeweiligen Vertretungen über die aktuellen Reglements. Besonders die Hygienevorschriften haben sich immer wieder geändert.
Bulgarien: Bulgarian State Agency for Tourism, 1, Sv. Nedelya Sq., 1040 Sofia, Tel. +35 929 33 58 26, http://bulgariatravel.org (auf Deutsch)
Deutschland: ARGE Deutsche Donau, www.deutsche-donau.de
Kroatien: Kroatische Zentrale für Tourismus, Stephanstraße 13, 60313 Frankfurt am Main, Tel. +49 69 2 38 53 50, http://croatia.hr/de-DE

Moldawien: Tourism Agency of the Republic of Moldova, 53, Hincesti Str., 2028 Chisinau, Tel. +37 322 22 66 34, www.turism.gov.md, www.moldawien.de/tourismus.html
Österreich: Donau Niederösterreich Tourismus GmbH, Schlossgasse 3, 3620 Spitz/Donau, Tel. +43 271 33 00 60 60, www.donau.com
Rumänien: Rumänisches Touristenamt, Reinhardtstr. 47, 10117 Berlin, Tel: +49 30 60 26 46 22, www.rumaenien-tourismus.de
Serbien: Nationale Tourismus Organisation Serbiens, Cika-Ljubina 8, 11000 Beograd, Tel. +38 111 6 55 71 27, www.serbia.travel (auf Deutsch)
Slowakei: Slowakische Zentrale für Tourismus, Hildebrandstr. 25, 10785 Berlin, Tel. +49 30 25 94 26 40, www.slovakia.travel
Ukraine: www.mfa.gov.ua/mfa/en (offizielle Seite des Außenministeriums mit Basisinformationen)
Ungarn: Ungarisches Tourismusamt, Wilhelmstr. 61, 10117 Berlin, Tel. +49 30 2 43 14 60, Hotline Ungarn: +800 36 00 00 00, http://de.goto hungary.com

Camping

Campingplätze an der Donau bieten oft privilegierte Residenzen am Ufer. So in Beuron oder in Rossatz, direkt gegenüber von Dürnstein in der Wachau. Generell stellt das Campen auf dafür ausgewiesenen Plätzen entlang der Donau kein Problem dar. Bis Ungarn ist es jedoch zur

---

Info

Daten & Fakten

Größenordnungen:
Die Donau lässt sich in drei Abschnitte einteilen, die jeweils ca. 950 km umfassen: die Obere (Quelle bis zur Ungarischen Pforte), die Mittlere (bis zum Eisernen Tor) und die Untere Donau (bis ins Delta).
Gesamtlänge: 2845 km (2888 km bis Breg)
Einzugsgebiet: 817 000 km², 66 % rechtes Ufer, 34 % linkes Ufer
Nördlichster Punkt: Regensburg/D
Südlichster Punkt: Svištov/BG
Die Donau sendet jährlich 203 Mrd. Kubikmeter Wasser ins Schwarze Meer.
Schiffbarkeit:
Ab Flusskilometer 2415 bei Kelheim bis zur Mündung bei Sulina ist die Donau schiffbar. Trotz der starken Regulierung des Stromes – oder gerade deswegen – kommt es immer wieder zu dramatischen Hochwasserszenarien.
Personenschifffahrt: Über 90 Kreuzfahrtschiffe bieten derzeit Touren zwischen Regensburg und dem Donaudelta an.
Binnenschifffahrt: Die Bedeutung als Binnenfrachtstraße wächst langsam, aber kontinuierlich. Die höchsten Umschläge werden auf der deutschen Donau erzielt. Die größte

Donauflotte nach BRT kommt aus der Ukraine, wobei es sich hier oft um veraltete Schiffe handelt, die weniger Fracht bei höherem Leistungsverbrauch transportieren.
Wichtige Organisationen:
Donaukommission: Seit 1954 in Budapest ansässige Kommission aller elf Anrainerstaaten, die das „Übereinkommen über die Regelung der Schifffahrt auf der Donau" gezeichnet haben (www.danubecommission.org).
ICPDR: Internationale Kommission zum Schutz der Donau. Förderer regionaler Entwicklungsprojekte in Umweltschutz, Kultur und Wirtschaft (www.icpdr.org).
Danube Day: Jährlicher Aktionstag entlang der Donau. Erstmals 2004, seither wachsend. Organisiert von der ICPDR, dem „Danube Regional Project" von UNDP/GEF u. a. (www.danubeday.org).
Danube Regional Project: Organisation der Vereinten Nationen (UNDP), die länderübergreifend die ökologische Entwicklung von Land und Wasser der Donau zum Ziel hat.
DCC: Von der GIZ unterstützte regionale Kooperation zur Wirtschafts- und Tourismusförderung in der mittleren und unteren Donauregion (www.danubecc.org).

Hinweisschild auf ein Heurigenlokal in der Wachau (ganz oben). Darf nicht fehlen: die Donauwelle (oben)

Die Auswahl an frischem Obst und Gemüse ist riesig – Markthalle in Budapest

Hauptsaison ratsam, sich vorab nach freien Plätzen zu erkundigen. In Rumänien, Bulgarien und der Ukraine sind Campingplätze entlang der Donau rar. Generell sollte man nur auf dafür ausgewiesenen Flächen campieren. Im Donaudelta ist das Zelten bis auf die Schutzgebiete erlaubt. Eine Anmeldung ist erforderlich. Alle Abfälle müssen wieder mitgenommen werden!

Einreisebestimmungen

Alle Länder entlang der Donau sind für deutsche Staatsangehörige visafrei. Bis auf Serbien, Moldawien und die Ukraine benötigt man nur einen Personalausweis. In diese Staaten können deutsche Touristen mit einem Reisepass für maximal 90 Tage einreisen; der Reisepass muss mindestens einen (Ukraine) bzw. sechs (Moldawien) Monate über die voraussichtliche Ausreise hinaus gültig sein. Vor allem in Moldawien und der Ukraine ist es ratsam, an der Grenze fixe Anlaufpunkte (Hotels, Adressen von Bekannten etc.) zu nennen, um die Formalitäten zu vereinfachen. Die Einreise über den Fluss ist besonders in der Ukraine noch problematisch.

Elektrizität

Adapter und Wechselstecker sind in den Ländern an der Donau nicht vonnöten.

Info

Geschichte

Vor ca. 7 Mio. Jahren: Entstehung der Urdonau im Miozän.
8000–5000 v. Chr.: Hoch entwickelte jungsteinzeitliche Siedlungsformen an der mittleren Donau bei Lepenski Vir.
8000 v. Chr.: Prähistorische Siedlungen.
Ab 2000 v. Chr.: Keltische Völker im westlichen Donauraum. An der östlichen Donau siedeln Hellenen und Thraker.
Ab 1. Jh.: Donau dient als römischer Limes. Eroberung von Dakien durch Kaiser Trajan. Infrastrukturelle Erschließung des Eisernen Tores.
4. Jh.: Teilung des Römischen Reiches in West- und Ostrom, Byzanz. Die Donau wird nach Einführung des Christentums als Staatsreligion zum Christianisierungsfluss.
10./11. Jh.: Kreuzzüge entlang der Donau.
1438: Beginn des Habsburger Kaisertums am Oberlauf der Donau.
1526: Schlacht bei Mohács.
1723–87: Schwabenzüge. Vornehmlich deutsche Kolonisten besiedeln die vom Krieg entvölkerten und zerstörten Landstriche in Ungarn, Serbien, Rumänien.
1830: Öffnung der Handelsschifffahrt bis zum Schwarzen Meer.
1849: Eröffnung der ersten Brücke über die Donau von Buda nach Pest (Kettenbrücke).

1865: Eur. Donaukommission wird mit der Regelung und Überwachung des freien Schifffahrtsverkehrs auf der Donau betraut.
Ab 1868: Österreich.-Ungar. Monarchie.
1921: Wasserkraftwerk von Kachlet bei Passau errichtet. Erstmals Stromgewinnung aus der Donau.
1939–44: Die Donau wird „deutsches Hoheitsgebiet". Viele Brücken, vor allem in Budapest, werden beim Rückzug der Wehrmacht zerstört.
1945: Die Konferenz von Jalta teilt die Donau zwischen den Westalliierten und der UdSSR auf.
1972: Fertigstellung der Kraft- und Stauwerke Đerdap I und II am serbisch-rumänischen Donauabschnitt hinter dem Eisernen Tor.
1975–84: Bau des Donau-Schwarzmeer-Kanals; Zwangsarbeiter und politische Gefangene arbeiten teilweise unter menschenunwürdigen Bedingungen.
1989/90: Politische Wende. Weitgehend friedlicher Systemwechsel in Ungarn, der Tschechoslowakei, Bulgarien und Rumänien.
1991–95: Serbisch-kroatischer und Bosnienkrieg. Embargo. Der Schiffverkehr auf der Donau steht so gut wie still.
1995: Beitritt Österreichs zur EU.
1999: Kosovo-Konflikt. Durch Nato-Bombardements werden alle serbischen Donaubrücken in Novi Sad, Belgrad u. a. zerstört.

2000: Eine schwere Umweltkatastrophe in Rumänien vergiftet Theiß und Donau; gravierende Folgeschäden bei Flora und Fauna.
2002: In Deutschland und Österreich wird der Euro eingeführt.
2004: Ungarn und die Slowakei treten der EU bei.
2005: Wiedereröffnung der Brücke von Novi Sad. Schwere Hochwasser v. a. in Rumänien.
2007: Beitritt Bulgariens und Rumäniens zur EU. Das Donaudelta wird zur „Landschaft des Jahres" ernannt.
2009: Offizielle Eröffnung des Donauradwegs in Kroatien und Serbien. Die Slowakei führt den Euro ein.
2010: Alle Anrainerstaaten beschließen die Ausarbeitung einer „Donaustrategie" zur Förderung des kulturellen Austausches und zur Verbesserung der Infrastruktur.
2013: Eröffnung der Donaubrücke 2 zwischen Vidin (Bulgarien) und Calafat (Rumänien). Beim Jahrhunderthochwasser Anfang Juni erreicht die Donau in Passau den höchsten Pegel seit 500 Jahren. Am 1. Juli tritt Kroatien der EU bei.
2015/16: Immer wieder wird erwogen, eine Personenseilbahn über die Donau zu bauen: in Passau, Aggsbach (zwischen Melk und Krems) und Wien. Doch konkrete Schritte sind bisher nicht eingeleitet.

Fotografieren

Man sollte unbedingt das Verbot in Grenzhäfen und Schleusen beachten. Vor allem in Serbien reagiert man noch sehr allergisch auf Verstöße gegen das Fotografierverbot. Die Verbote sind aber eindeutig ausgeschildert.

Geld

Leitwährung aller Anrainerstaaten bis auf Moldawien und die Ukraine ist der Euro. Offizielles Zahlungsmittel ist er nur in Deutschland, Österreich und der Slowakei. Man sollte immer kleinere Beträge der Landeswährung parat haben (aktuelle Wechselkurse z. B. unter www. oanda.com). Größere Beträge können nach Absprache oft in Euro beglichen werden. Zudem ist es in allen Staaten außer Moldawien und Ukraine möglich, mit den gängigen Kreditkarten zu bezahlen.

Gesundheit

Die medizinische Versorgung gilt in allen Donau-Anrainerstaaten weitgehend als gesichert. Dabei sind naturgemäß große Abweichungen in den Standards der Versorgung festzustellen, auch bei einem Notfall. In der Regel sollte man versuchen, über die Landesvertretungen Kontakte und Adressen zu erfragen, falls ein längerer Krankenhausaufenthalt nötig werden sollte. Die Apotheken sind in allen Ländern gut bestückt. Sie orientieren sich im Sortiment vor allem an amerikanischen Pharmaprodukten. Apotheken sind während der allgemein üblichen Geschäftszeiten geöffnet.

Hotels

Es gibt genug Gästebetten an den Ufern der Donau. Um Übernachtungsplätze in Pensionen und kleineren Hotels sollte man sich v. a. im Sommer im Vorfeld kümmern. Ab Kroatien wird die Infrastruktur dünner, aber auch hier entstehen jährlich neue Pensionen und Privatunterkünfte. Die Bewirtung ist meist gut.

Internet

Alle größeren Städte entlang der Donau verfügen über Internetcafés. Auch in größeren Hotels steht meist ein Computer bereit, den man auch als Nicht-Gast kurzzeitig zum in der Regel sehr günstigen Surfen nutzen kann.
Internetcafés (Auswahl):
Ulm: Internetcafe Telenet Ulm, Frauenstr. 35, www.internetcafe-telenet-ulm.de
Passau: Café Alibi, Kapuzinerstr. 36 a, Tel. +49 851 3 17 71, www.cafe-alibi.de
Linz: Die gesamte Innenstadt wird über ein Hotspot-Projekt abgedeckt, bei dem man sich kostenlos ins Internet einwählen kann. Hotspots in der Innenstadt: z. B. Altes Rathaus, Brucknerhaus, Lentos Kunstmuseum

Wien: World-Netcafe, Mariahilfer Str. 103; mit einem WLAN-fähigen Tablet PC, Handy oder Notebook kann man an vielen Plätzen der Stadt kostenlos ins Web einsteigen: www.free wave.at/hotspots
Budapest: Vista Café, Paulay Ede utca 7–9, Tel. +36 1 2 68 08 88, 9.00–23.00 Uhr
Novi Sad: Bootleggers Café, Cara Dušana, Tel. +381 61 1 49 33 00, www.bootleggerscafe.com
Belgrad: Forum, Ruzveltova 1, TC Vukov Spomenik lokal br.1
Bukarest: Dome, Strada Zece Mese, und Best Cafe, Bulevardul Mihail Kogălniceanu 19, www. best-cafe.ro; mehr unter: www.bukarest-info.de
Tulcea: Tom & Jerry Bar, Gări Nr. 4
Da Internetcafés oft auch rasch wieder schließen und die Websites nicht ständig aktualisiert werden, sollten vor einem Besuch nähere Informationen eingeholt werden.

Kunst

Auch in der bildenden Kunst ist die Donau ein großes Thema. Anfang des 16. Jhs. bildete sich unter der Bezeichnung „Donauschule" eine eigene Malschule heraus, die ihren Ursprung im bayerisch-österreichischen Donauraum hat. Außer den Museen der bildenden Künste sollte man vor allem auf den bisher eher unbekannten Pfaden im Südosten Europas das eine oder andere ethnografische Museum besuchen.

Literatur

Das Opus magnum über die Donau stammt fraglos von Claudio Magris, der 2009 den Friedenspreis des Deutschen Buchhandels erhielt und mit seinem Buch „Donau. Biographie eines Flusses" Standards setzte. Ein weiteres Hauptwerk, diesmal rein fiktional, ist der leider nur noch antiquarisch oder in Bibliotheken erhältliche Roman „Donau abwärts" von Peter Esterházy. Die Namensreihe der Autoren, die über die Donau schrieben, liest sich wie ein Wandel auf den Pfaden der hohen Literatur: von Neidhart über Johann Wolfgang von Goethe, Nikolaus Lenau, Joseph von Eichendorff, Friedrich Hölderlin, Adalbert Stifter, Franz Grillparzer, Arthur Schnitzler, August Strindberg, Elias Canetti oder Ingeborg Bachmann bis Aleksandar Tišma, um nur einige zu nennen.

Öffnungszeiten

Während in Deutschland und Österreich die traditionellen Öffnungszeiten erst langsam zu bröckeln beginnen, findet man im östlichen Europa kaum noch Reglementierungen beim Ladenschluss. Die meisten Geschäfte sind auch sonntags offen, in fast jeder Kleinstadt findet sich zumindest ein kleiner Laden, der als Spätverkauf fungiert.

Post

Briefmarken sind in den Postämtern sowie teilweise in Hotels erhältlich. Der Postweg nach Deutschland erfolgt aus allen Ländern sehr zuverlässig. Ein Brief, der in Crişan im Delta aufgegeben wird, kann aber durchaus zwei Wochen unterwegs sein. Auch die großen Kreuzfahrtunternehmen bieten einen Postservice an: Postkarten und Briefe werden gesammelt und an Hauptanlegestellen (Wien, Budapest) dem Postweg zugeführt, was aber eine Verzögerung der Zustellung nach sich ziehen kann.

Angenehmes Reisen auf die beschauliche Art: ruhiges Bordleben auf einem Kreuzfahrtschiff

Reisezeit

Die beste Reisezeit sowohl für Kreuzfahrten als auch für Radtouren ist von Mai bis Ende September. In den südöstlichen Ländern herrschen auch im Oktober noch angenehme Temperaturen. Im August können allerdings die zahlreichen Mücken vor allem in Schilfnähe und in den Naturschutzgebieten sehr lästig werden.

Restaurants

Eine Auswahl an Restaurants mit Flussgenuss, will sagen: an der Donau gelegen.
Höhengasthaus Kolmenhof, Neuweg 11, 78120 **Furtwangen**, Tel. +49 7723 9 31 00, www.kolmenhof.de. Hirsch trifft Fisch (natürlich nur auf der Speisekarte) bei Gemütlichkeit und guter Stimmung.
Zur Forelle, Fischergasse 24, 89073 **Ulm,** +49 731 6 39 24, www.zurforelle.com; Mo.–Sa. 11.00–15.00, 17.00–23.00, So. 11.00–15.00 Uhr. Kulinarische Feinheiten in traditioneller Atmosphäre. Sehr zu empfehlen.
Pöstlingberg-Schlössl, Am Pöstlingberg 14, 4043 **Linz,** Tel. +43 732 71 66 33, www.poestlingberg.at; tgl. 10.00–1.00 Uhr. Große Terrasse, auf der österreichische Schmankerl mit einzigartigem Linzblick serviert werden.

Gasthof Jell, Hoher Markt 8–9, 3500 **Krems,** Tel. +43 2732 8 23 45, www.amon-jell.at. Kulinarische Besonderheiten, die es nur hier gibt!
Griechenbeisl, Fleischmarkt 11, 1010 **Wien**, Tel. +43 1 5 33 19 77; tgl. 11.00–1.00 Uhr, www.griechenbeisl.at. Eine der ältesten Gaststätten Wiens. Einzigartiges Flair.
Restaurant **Trvdjava,** Tel. +381 21 43 30 09, in der Festung Petrovaradin bei **Novi Sad**.
Restaurant **Šaran Zemun**, Key Oslobodenja 53, Zemun, **Belgrad**, Tel. +381 11 2 61 82 35, www.saran.co.rs. Schönes Restaurant direkt am Donaukai mit ausgefeilten Fischspezialitäten und traditionellen Angeboten auf recht gehobenem Niveau.
In **Belgrad** sollte man an einem lauschigen Sommerabend in einem der Restaurantschiffe am Ufer der Donau oder der Save einen Imbiss zu sich nehmen. Zu empfehlen sind das **New Marinero**, Kej oslobodjenja 11a, Zemun (www.newmarinero.rs) oder das **Klub Mag** (Tel. +381 11 2 69 83 98) – oder Sie probieren einfach eines nach dem anderen aus.

Telefon

Mobiltelefon: In allen Donau-Anrainerstaaten kooperieren die großen Mobilfunkanbieter mit Roaming-Partnern. Der Empfang ist nur im Delta teilweise eingeschränkt. Für das Tele-

fonieren in den Ländern bietet es sich an, günstige Prepaidangebote der großen Telefongesellschaften zu nutzen.
Telefonzellen: In jedem Ort gibt es zumindest eine Telefonzelle, die im Allgemeinen mit Karten betrieben wird. Die Telefonkarten sind an Zeitschriftenkiosken, in Geschäften oder Banken erhältlich.

Zeitungen/Zeitschriften

Aktuelle deutschsprachige Presse erhalten Sie außerhalb des deutschsprachigen Raumes in ansprechender Auswahl nur in den Hauptstädten der jeweiligen Länder.

Zollbestimmungen

Serbien, Moldawien und die Ukraine gehören nicht der EU an. Die jeweiligen Zollbestimmungen der einzelnen Länder können über das Auswärtige Amt abgerufen werden (www.auswaertiges-amt.de). Die Einfuhr von Lebensmitteln in die EU ist reglementiert, von gefälschten DVDs oder Markenartikeln verboten. Auf Schiffsreisen erfolgt die Zollabwicklung über den Veranstalter. Es kommt teilweise jedoch noch immer zu Personen- und Kabinenkontrollen durch die Behörden.

Register

Impressum

3. Auflage 2017
© DuMont Reiseverlag, Ostfildern

Verlag: DuMont Reiseverlag, Postfach 3151, 73751 Ostfildern, Tel. 0711 45 02 0, Fax 0711 45 02 135, www.dumontreise.de
Geschäftsführer: Dr. Thomas Brinkmann, Dr. Stephanie Mair-Huydts
Programmleitung: Birgit Borowski
Redaktion: Olaf Rappold (red.sign, Stuttgart)
Text: Thomas Magosch
Aktualisierung: Achim Bourmer
Exklusiv-Fotografie: Olaf Meinhardt, Tom Schulze
Titelbild: Rainer Mirau/Look-foto (Alte Fischerboote am Ufer der Donau)
Zusätzliches Bildmaterial: S. 5 u. mauritius images/Alamy, 8/9 mauritius images/Westend61/Val Thoermer, 10/11 laif/Georg Knoll, 12/13 laif/IML/Loukas Hapsis, 14/15 laif/robertharding/Michael Runkel, 16/17 laif/Peter Rigaud, 18 l. mauritius images/Markus Keller, 18 r. picture alliance/ZB/euroluftbild, 19 l. picture-alliance/dpa/Karl Thomas, 19 r. laif/REA/Benoit Decout, 24 LOOK-foto/Jan Greune, 36 o. l. DuMont Bildarchiv/Peter Hirth, 36 M. DuMont Bildarchiv/Thomas P. Widmann, 37 laif/Hub, 38/39 LOOK-foto/Andreas Strauss, 48 o. iStockphoto/PinkPueblo, 48 l. picture-alliance/dpa/Stefan Puchner, 48 r. SPÖ Wien/Manuel Domnanovich, 49 o. l. Hubert Dimko, 49 M. l. Vladimir Miladinovic, 49 M. r. laif/Polaris/Attila Volgyi, 51 r. laif/Zenit/Jan-Peter Boening, 52 r. DuMont Bildarchiv/Ernst Wrba, 53 mauritius images/Rainer Mirau, 54/55 LOOK-foto/Infolg Pompe, 59 u. picture alliance/dpa/Thomas Novak, 69 r. DuMont Bildarchiv/Ralf Freyer, 70 o. l. LOOK-foto/age fotostock, 71 o. iStockphoto/Alena Dvorakova, 71 u. picture alliance/dpa/MTI/Balazs Mohai, 72/73 mauritius images/NPL/Wild Wonders of Europe, 80 o. iStockphoto/palau83, 80 M. r. mauritius images/Gerhard Wild, 81 l. mauritius images/imageBROKER/Klaus Wagenhäuser, 81 M. mauritius images/age/Ulysses, 81 r. mauritius images/imageBROKER/Siepmann, 83 l. picture-alliance/dpa/Marko Mrkonjic/PIXSELL, 83 o. r. huber-images/D. Fabijanic, 83 u. r. laif/REA/Gerard Guittot, 85 laif/Dominik Butzmann, 86/87 Fotofinder/transit-Archiv/Tom Schulze, 92 o. r. und 93 laif/Georg Knoll, 96 laif/Raach, 97 l. picture alliance/dpa/Karl Thomas, 97 r. Josef Limberger/Donau OÖ, 98 M. LOOK-foto/age fotostock, 98 r. laif/Karl-Heinz Raach, 101 o. mauritius images/Alamy, 101 u. Fotofinder/transit-Archiv/Tom Schulze, 102/103 laif/Westrich, 107 o. l. Fotofinder/transit-Archiv/Tom Schulze, 107 o. r. Fotofinder/transit-Archiv Olaf Meinhardt, 110 und 111 laif/Dominik Butzmann, 113 o. l. DuMont Bildarchiv/Thomas Schulze, 113 M. r. laif/Raach, 115, 116 o. l. und o. r. mauritius images/Alamy
Grafische Konzeption, Art Direktion, Layout: fpm factor product münchen
Cover Gestaltung: Neue Gestaltung, Berlin
Kartografie: © MAIRDUMONT GmbH & Co. KG, Ostfildern
Kartografie Lawall (Karten für „Unsere Favoriten")
DuMont Bildarchiv: Marco-Polo-Straße 1, 73760 Ostfildern, Tel. 0711/4502-266, Fax 0711/4502-1006, bildarchiv@mairdumont.com

Für die Richtigkeit der in diesem DuMont Bildatlas angegebenen Daten – Adressen, Öffnungszeiten, Telefonnummern usw. – kann der Verlag keine Garantie übernehmen. Nachdruck, auch auszugsweise, nur mit vorheriger Genehmigung des Verlages. Erscheinungsweise: monatlich.

Anzeigenvermarktung: MAIRDUMONT MEDIA, Tel. 0711 450 20, Fax 0711 45 02 10 12, media@mairdumont.com, http://media.mairdumont.com
Vertrieb Zeitschriftenhandel: PARTNER Medienservices GmbH, Postfach 810420, 70521 Stuttgart, Tel. 0711 72 52-212, Fax 0711 72 52-320
Vertrieb Abonnement: Leserservice DuMont Bildatlas, Zenit Pressevertrieb GmbH, Postfach 810640, 70523 Stuttgart, Tel. 0711 7252-265, Fax 0711 7252-333, dumontreise@zenit-presse.de
Vertrieb Buchhandel und Einzelhefte: MAIRDUMONT GmbH & Co. KG, Marco-Polo-Straße 1, 73760 Ostfildern, Tel. 0711 45 02 0, Fax 0711 45 02 340
Reproduktionen: PPP Pre Print Partner GmbH & Co. KG, Köln
Druck und buchbinderische Verarbeitung:
NEEF + STUMME premium printing GmbH & Co. KG, Wittingen, Printed in Germany

Eine von Berlins Vorzeigeansichten, der Blick auf Bode-Museum und Fernsehturm im Hintergrund.

Vor der Kulisse des Rijksmuseum in Amsterdam lässt sich bei Sonnenschein herrlich verweilen.

Niederlande

Pulsierende Metropolen
Den Haag, Rotterdam und vor allem Amsterdam imponieren mit eindrucksvollen Altstädten und herausragender moderner Architektur, vor allem aber mit einer quicklebendigen Szene.

Freiheit in einem kleinen Land
Tolerante Drogenpolitik, aber auch viele Stimmen für Rechtspopulisten – wie liberal sind die Niederlande wirklich?

Übernachten mal anders
Haben Sie schon einmal in luftiger Höhe auf einem Kran übernachtet, in einem Baumhaus oder einem Leuchtturm? Einfach mal ausprobieren!

Berlin

Große Kunst
Erwartet Sie in den Berliner Museen, nicht nur in jenen fünf, die auf der Museumsinsel liegen und von der UNESCO zum Welterbe gekürt wurden.

Die Hauptstadt anders erleben
Wie wäre es mit einer Riksscha-Tour durch das historische Berlin, mit einer Rundfahrt im Trabi oder mit einer Führung durch die Unterwelt?

Das hippe Berlin
Prenzlauer Berg, Kreuzberg, Friedrichshain und Neukölln, hier trifft sich heute die Szene! Wir verraten Ihnen, welche Clubs und Bars gerade angesagt sind.

www.dumontreise.de

Lieferbare Ausgaben